SQ選書
14

「創共協定」とは何だったのか

——社会主義と宗教との共振

村岡 到
Muraoka Itaru

社会評論社

*人名の敬称は統一されていません。

*引用文献の表示形式は統一されていません。

まえがき

今年一〇月二二日投開票の総選挙の結果は、自民党と公明党の与党が三分の二を超えることになった。平和を願い、憲法の理念にそって社会的格差の解消と弱者に優しい社会をめざして活動してきた人たちの全てが、とくに年配の世代の人たちは真剣に反省しなくてはいけない。この残念な事態の到来を、他者の責任にしたり、他者批判にのめり込むのではなく、自らがこれまで何を為してきたのか、何を明らかにしてきたのかを真面目に総括することこそが求められている。自分の活動のどこに欠陥があったのかを探り、その理論的根拠が何なのかを切開する必要がある。

私は、昨年秋に『ソ連邦の崩壊と社会主義』（ロゴス）を刊行した。ロシア革命一〇〇年を記念したものである。後者に収録した下斗米伸夫氏の論文は、これまで知られていなかった「古儀式派」の存在をクローズアップしたもので、ロシア革命において宗教が大きな位置を占めていたことを明らかにした。私は、改めて〈社会主義と宗教〉について深く考える必要があると痛感した。

一九六四年に創成された公明党は「人間性社会主義」を長く唱えていた。公明党創設者の池田大作氏は、共産党のトップ宮本顕治との対談で「宗教とマルキシズムの共存は文明的課題だ」とまで語っていた。彼が主導して一九七四年に結ばれた「創共協定」とは何だったのか。マルクスの「宗教はアヘンだ」という非難とそれを援用したレーニンによる宗教排斥によって、ほとんどの左翼は宗教を敵視してきたが、宗教は深く社会に根付いており、〈社会主義と宗教との共振〉こそが強く求められている。これが本書のテーマである。このテーマを探究することは、前記した左翼の深刻な反省の不可欠の一環だと、私は確信している。非才な人間が為しうることは、人類が直面している多くの難題のごく一部を探究することでしかない。それゆえ、選択した課題については確固たる内実を提起しなくてはならない。

本書には新しく書いた三つの論文を軸にして、一三年前から書いてきたいくつかの関連する論文も収録した。それなりに時を要して考察してきた成果である。さらに特別付録として山田太一さんから頂戴したお手紙を再度掲載させていただいた。大きな励みとなってきた、私にとって貴重な宝だからである。

収録した論文の一つで取り上げた親鸞は八〇〇年も前に、印刷機も電話もない時代に、流刑と貧窮のなかで、人間の平等を基軸にした信念を辻説法で貫き通した。その信念が今日にも伝わり広がっている。不遜は承知のうえで一歩でも二歩でも、その生き方に連なりたいと願う。

なお深く探究しなくてはならない課題が多く残されているが、広く検討してほしいと切望する。

二〇一七年一〇月二四日

村岡　到

「創共協定」とは何だったのか――社会主義と宗教との共振　目次

「創共協定」の歴史的意義とその顛末

一九七四年一二月末に「創価学会と日本共産党との合意についての協定」（以下、「創共協定」と略）が結ばれ、七五年七月に公表された。公表と同時に、一方の当事者である創価学会の側から同協定に背反する言動が起き、やがて「死文化」する。だが、この「創共協定」の締結はこの二つの組織にとってだけではなく、社会主義をめざす運動と宗教との関係についてもきわめて重要な意義を有していた。「死文化」によって忘れ去られているが、別稿「社会主義と宗教との共振」（本書に収録）で明らかにしたように、今日の社会における宗教の重要な意味を理解するなら、「創共協定」を歴史的に検討することが大切だと気づくはずである。

第1節では締結に到る経緯を略記し、第2節では当時の歴史的背景を振り返り、第3節では二つの組織の首脳部の真剣な努力の意義を確認し、第4節では七五年に共産党が発表した「宗教決議」を検討し、第5節では協定「死文化」以後の共産党における宗教認識の後退を明らかにし、第6節では二〇〇三年に刊行された『日本共産党の八十年』の「創共協定」についての総括の誤りを抉り出す。

1　「創共協定」締結の経緯

創価学会と日本共産党はどのくらいの組織だったのか。前者は一九七〇年に七五〇万世帯、後者は一九七三年に党員が三〇数万人だった。

「創共協定」はどのような経緯によって締結されたのか。「創共協定」に関して共産党はいくつもの文献を発表し、著作にもしている。「創共協定」の立役者とも評すことができる、作家の松本清張も「『創共協定』経過メモ」を書いているし、当事者の一人であった、共産党の中央委員・文化部長の山下文男は『共・創会談記』を著している。それらの文献によって経緯を略記するが、本節では煩瑣を避けて一部を除いて引用文献を示すことは省略する。

事の出発点は、一九七四年七月二〇日に、公明党の志村栄一文芸部長が松本宅を訪ね、「池田大作会長が宮本顕治委員長と雑談したき旨」を伝えたことにある。翌日、松本は共産党本部の山下に電話をかけ、その趣旨は宮本にも伝えられ、二四日には山下から電話で「宮本委員長は池田さんの趣旨に賛成」と伝えられる。

一〇月三〇日に、共産党からは上田耕一郎常任幹部会委員と山下文男中央委員・文化部長、創価学会からは野崎勲総務・男子部長、志村栄一文芸部長に加えて松本清張の五人で京王プラザホテルで懇談。以後、同じメンバーで一二月まで五回：二〇数時間に及ぶ懇談を重ねた（二回目以降は松本宅で、野崎、志村の両氏は一九四二年生まれ）。『宮本顕治の半世紀譜』によれば、協定案は常任幹部会でも検討され、不破哲三書記局長らも関与している。

九月八日、池田氏はソ連邦を初訪問、コスイギン首相と会談。

九月三〇日、池田氏は中国を初訪問、一二月にも訪中し、周恩来首相にコスイギン首相の言葉（「中国を攻めるつもりも、孤立化させるつもりもありません」）を伝えた。

一二月二八日に、野崎、上田両氏の署名と、両組織の公式の印鑑を押して協定が締結された。公表は後日と確認された。

一二月二九日に松本宅に、池田、宮本両氏が訪れ、なごやかに懇談する。

一二月三一日の「朝日新聞」「毎日新聞」「読売新聞」が、宮本が「年頭所感」（「赤旗」一月一日）で核兵器全廃などの池田発言を評価したことを四段ヌキで大きく掲載した。

翌七五年一月に共産党の第五回中央委員会総会で宮本が報告し、「承認された」（年末の七中総で不破氏がそう報告したが、この時点では非公表だった）。

二月、「毎日新聞」の企画として池田・宮本対談を行うことが持ち上がり、前記の五人でその内容についての検討が始まる。

三月五日の打合せの時に、野崎は「先日、公明党の副部長クラス数名に会い、共産党との協定のことを話したところ、皆の顔色が変わって、ただごとでない空気になったので……皆は大きなショックをうけていたようである」と話した。

七月一二日にホテルニューオータニで、池田・宮本会談。四時間に及ぶ。

七月一三日に「毎日新聞」が一面八段ヌキで池田・宮本会談を「社告」として打ち出す。

七月一五日から「毎日新聞」の連載が始まる。八月二三日まで三九回（当初のプランでは二カ月は必要だったが、創価学会の要望で短期となった）。

七月二八日に両者によって「創共協定」が、「経過について」と合わせて公表される。

七月二九日に、創価学会の「聖教新聞」に創価学会の秋谷栄之助氏（後に第五代会長）の見解（「秋谷見解」）が発表される（前日に異例にも公明党の矢野絢也書記長が同文を記者会見で発表した）。「秋谷見解」の核心は「共闘なき共存」にあり、協定の核心を反故にするものであった。

新聞各紙は協定を大々的な、かつ肯定的な扱いで報道。「毎日新聞」の見出しは、「政界への波及必至」。自民党の中曽根康弘幹事長は党の総務会で「成り行きを注視する必要がある」と発言した。海外でもニュースになる。

八月二一日に「聖教新聞」に池田氏が前日に創価大学で行った講演が掲載。池田氏は「共産党と共闘する意志はない」と発言し、「秋谷見解」を事実上追認した。

（一九八三年に刊行された『宮本顕治の半世紀譜』(1)では、一一月九日に、池田氏は創価学会本部総会で、「秋谷見解」を「正式に追認、協定は死文化する」と記述された）。

『文芸春秋』一〇月号に、宮本の「歴史の転換点に立って」が発表される。

一〇月一四～一五日に、公明党第一三回大会。激しく共産党を攻撃。

一二月二〇日に、毎日新聞社から『池田大作・宮本顕治　人生対談』が刊行。

一二月二三日に、共産党の第七回中央委員会総会。決議「共・創協定の一年間の経過にたって」を採択。「協定への逆行現象」を指摘し、「逆行現象に必要な原則的批判を加えつつ〔その〕精神を擁護するこの責務を果たしていく決意である」と表明した。同時に、決議「宗教問題についての日本共産党の見解と態度」を採択。

一九七九年四月二四日に、池田会長が辞任し、北条浩氏が会長に就任。池田氏は名誉会長になる。

一二月に、『文芸春秋』（一月号）に松本の「創価学会　日本共産党　十年協定の真実」が掲載される（後に「『創共協定』経過メモ」として、『作家の手帖』に収録）。

一二月二九日に、共産党は「共・創協定を裏切ったもの」を「赤旗」の「主張」（社説に当たる）に掲載し、「死文化」と確認した。

その後、二〇〇三年一月に刊行された『日本共産党の八十年』では「反共戦略とのたたかい」なる小項目のなかで、二頁を使って説明したが、「卑劣な対応」「術策」「策略」「死文」と否定的評価だけになった。(2)

以上が「創共協定」をめぐるおおまかな経緯である。

「創共協定」は、六項目を確認している。いくつかの著作に収録されているから、要点だけを分かりやすく抜粋する。
1　創価学会と日本共産党は独自の組織で、相互理解に最善の努力をする。

2　創価学会は科学的社会主義を敵視する態度はとらない。日本共産党は布教の自由をふくむ信教の自由を無条件に擁護する。

5　世界の恒久平和が目的で、核兵器の全廃にむけ協調する。

6　日本に新しいファシズムをめざす潮流が存在しているとの共通の現状認識に立ち、懸命な英知を発揮しあう。

協定は「向こう十年を期間とし」と明記されている。

なお付記すると、「創共協定」作成に関わった七人のうち、五人は既に没している（松本：一九九二年八月、野崎：二〇〇四年三月、宮本：〇七年七月、上田：〇八年一〇月、山下：一一年一二月）。志村は不明。

「創共協定」締結にいたる両者の努力やその意義について明らかにする前に、当時の時代的背景について簡単に確認しておくほうがよい。

2　当時の歴史的背景

一九七四年一一月に田中角栄政権が金権問題で失脚し、その後、七七年までロッキード事件がクローズアップされた。田中政権の後は、短期の自民党政権が八二年一一月の中曽根康弘政権成立まで続いた。

七五年四月の自治体首長選挙で東京、大阪、神奈川で革新知事が誕生した。一一月には公労協（国鉄（現ＪＲ）や郵便局などの三公社五現業関係労組による「公共企業体等労働組合協議会」）がスト権ストに決起、国鉄労組が八日間ストに突入した。しかし、結果は敗北。同年に創価学会青年部は、「反戦・反核一千万署名運動」を実施、達成し、ワルトハイム国連事務総長に手渡した。四月末にベトナムで臨時革命政権が誕生し、ベトナム戦争が終結し、アメリカは敗退した。この前の数年間に日本でも世界でもベトナム反戦闘争が大きく展開された。

革新自治体は、その後、一九七八年四月に京都、一二月に沖縄で敗退し、七九年四月に東京と大阪でも敗退して幕を閉じた。

この時期に共産党は「革新統一戦線」の拡大を展望し、七六年七月の第一三回臨時大会で「自由と民主主義の宣言」を打ち出した。党員三八万余、「赤旗」三〇〇万部と成長した。

創価学会をいわば母体として創成された公明党の動向についても見ておこう。一九六四年に結党した公明党の綱領には四項目の柱の二番目に「人間性社会主義による大衆福祉の実現」と明記されていた。一九七〇年代には共産党と激しく対立し、七三年末には共産党が公明党に「公開質問状」を発し、七四年には逆に公明党が共産党に「憲法三原理をめぐる公開質問状」を六月と七月に二度発した。公明党は回答したが、共産党はまったく答えなかった。二〇一四年に初めての「本格的な党史」として刊行された『公明党５０年の歩み』では、この経過を「公明党の全面的勝利と共産党の敗北は歴然としていた。……戦後日本の政党間論争史上に輝く金字塔である」[3]と誇らしく確認している。

八〇年一月に社会党と公明党との「連合政権合意」（「社公合意」）が成立し、二月には社会党の大会でこの路線が決定され、国会などでの「共産党外し」が強化されることになった。八月にはポーランドで「連帯」労組が五万人のストに決起した。

このような時代的背景のなかで「創共協定」は締結され、破たんした。恐らく日本の支配層にとっては、共産党と創価学会が手を握ることは何としても避けたい動向であり、その破綻にむけてさまざまな策動も展開されたに違いない。前記のように、後に首相となる中曽根氏は、自民党の総務会で「関心を持たざるを得ない[4]」と発言し、自民党調査局による、一〇六頁にも及ぶ「池田・宮本会談に関する部内資料」は、「十年協定はいわば自民党に対する警告と受け取る必要があるだろう」と結ばれていた。

松本は、「創共協定」が締結された一九七四年末の懇談の場で「社会党にもショックだが、自民党には大きな衝撃を与えよう」と口をはさんだ[5]。

七八年一〇月には『週刊現代』が「警視庁が創価学会に対する監視を強めたのは、〔昭和〕五〇年〔一九七五年〕の創共協定締結〔公表〕以来です」という警視庁詰め記者の声を載せた[6]。

3　二つの組織の首脳部の真剣な努力の意義

第1節で略記した経緯によって「創共協定」は締結されたのであるが、創価学会と共産党との折衝を仲介し、六回に及ぶ会談に同席した松本清張の役割が大きくプラスに働いたことは言うまでもなく、高く評価されるべきであるが、何よりも双方のトップに位置する池田大作氏と宮本顕治の見識と努力が顕彰に値する。協定をまとめるために実務的に努力したのは、前記の四人であったが、池田氏と宮本との出会い、対談から急所となる部分をまず確認したい。

前記の一九七四年一二月末の松本邸での初対面で、池田氏は二〇年くらい前〔一九五五年〕に東京・市ヶ谷駅近くで宮本の選挙演説を立ち聞きしたことがあったと回想し（対談、一二頁）、対談では宮本は「あなたのご本を拝見していると、仏教のほかにも歴史論や文学、ことに『万葉集』など日本の古典にもわたって、広いですね」（対談、一三頁）と語りかけ、池田氏は、治安維持法による弾圧・入獄体験について、牧口常三郎、戸田城聖と重ねて宮本獄中体験にも触れる。池田は、「戸田城聖なる人の言動と、生き生きとした魅力的な仏教の講義は衝撃的だった」「戸田城聖との出会いがなければ、宮本さんのいわれるように、社会主義運動に入っていたかもしれませんね（笑）」（対談、一九頁）と語り、宮本は「惜しいことをした（笑）」と応じた。

二人は、文学や「革命とロマン」について縦横に語り合う。池田氏は「宮本さんの著作や対談集を読みますと、非常に祖国愛がにじみ出ているような感じがします。日本の国土を愛し、この美しい自然を見直さなければならない」（対談、一〇九頁）と語り、宮本は「確かに日本文学に身辺の自然——四季の多彩な変化への観察や感情は豊富です」と応じる（対談、一一一頁）。「宮本さんは『網走の覚書』によると、獄中で『万葉集』を読まれていたそうですね。どんな歌に感激されたでしょうか」

と問い（対談、一一七頁）、話を弾ませている。池田氏が対談したイギリスの歴史学者アーノルド・J・トインビーに関するやり取りも興味深い。

このように、二人は互いの著作を熟読し深く理解し合っている。私には、広く著名人の対談集などを読みこなす余裕はとてもないが、恐らくこの対談は稀にみる高質な内実を備えていると評してもよいであろう。

特に池田氏は、年末の懇談では、公明党との関係について踏み込んだ発言をしている。

・「党執行部には独自の実権ができていて、いまや党が学会を支配するくらいの傾向にある。私は人材の多くを公明党に放出した」（松本、三三二頁）。

・松本が「会長と公明党執行部との間にパイプはないのか」と問うと、「ない。竹入〔義勝委員長〕、矢野〔絢也書記長〕らも来ないだろう」と答えた（松本、三三二頁）。

・「現在の公明党執行部は政治の玄人になっている。そのために学会を素人と考え、独善的になっている」（同）。

共産党との関係については、次のように明言した。

・「もし、共産党が弾圧をうければ、学会はその擁護に起ち上がる、学会が同様な場合には、共産党もそうしてもらいたい」。そして、宮本は「その時は党を挙げて擁護のために闘う」と応じた（松本、三三三頁）。ついでながら、一一月五日の折衝で野崎がこれと同様に話したが、上田は「（返答を保留）」した（松本、三〇六頁）。

・「牢に入っていた人間は強い。初代会長牧口〔常三郎〕会長がそうで、反権力で闘った。その次の戸田城聖会長から右寄りになった。自分がその軌道を左寄りに修正した。人間は牢屋に入らないとダメだ。その点、宮本先生を尊敬する。これからは兄弟のつき合いをしよう」とまで語っている（松本、三三三頁）。「これからは親戚つき合いである」（松本、三三四頁）。池田氏は一九五七年に選挙違反容疑で逮捕され一五日間だけ拘留されたことがある（起訴されたが、無罪判決）。

また、対談での次の発言も特筆に値する。

・「宗教とマルキシズムの共存は、人類の未来のために不可欠の文明的課題であるといいたい」とまで述べている（対談、四〇頁）。

・「宗教の否定は、人間の魂の否定に通じると思います」（対談、一五九頁）。

対談を締めくくる二人の両親についての会話では、宮本の母は、「獄中の私〔宮本〕のことを思うと寒いなどといえないと、火バチにも手を出したがらなかったと聞きました」（対談、一八三頁）というエピソードが胸を打つ。

六回に及ぶ会談に移ろう。山下は詳しく記録している。

両者は相互の組織での「講師交換」まで話題に乗せ、協定文案の付け合わせを綿密に検討している。「大論戦」となった第五回会談（一二月一七日）の帰りに、「野崎氏から上田氏に握手を求め、『助けてほしい』との発言（何か苦しい事情があるのか？）」（山下、五七頁）があったという。

山下は、「第二部『協定』死文化への日々」では、一九七五年七月一三日の「読売新聞」紙上で池田氏が「科学的社会主義は『庶民大衆の解放を目指した人間主義の思想』」と語ったことなどをあげて、「これらの発言を、どうしてペテンのための言葉だったなどといえよう。……池田会長も野崎氏も志村氏も真剣だった」と回想・結論している（山下、一八八頁）。この記述には留意すべきである（後述）。

この会談のために、宮本も上田も山下なども「相手側の著書などずいぶん勉強もし、研究もした」という（山下、一四一頁）。

一九七四年一二月二九日、協定が締結された翌日、山下は、初めての池田・宮本懇談の後半に同席した後、松本邸から党本部に戻り、不破書記局長らと「ささやかな乾杯」をして、「万感胸に迫る」と記している（山下、七二頁）。歴史的な難事をやり遂げた思いが伝わってくる。

このように、それまでは相互にまったく別世界を形成し、選挙の時などに激しく抗争したこともある二つの組織が、松本清張の仲介を得て、歩み寄り、互いを理解する努力を重ね、一つの高質な結実を得たことは、高く賞賛しなくてはならない、あえて言えば〈偉業〉であった。

蛇足ではあるが、宮本が果たした役割の象徴ともいえる経緯があった。

協定の公表に当たって「経過について」という短い文書も発表した。この文書発表については宮本の明確な指示があった。宮本は電話で「〝経過〟を別々にとは、君たちは何をしているのか、そんなことをしたら、『経過も同文のものも出せなかった』と世間は対立を云々し、もの笑いの種になるにきまっている。必ず禍根を残す。短くてもよいから同文を主張せよ」（山下、一一一頁）。とアドバイスした。松本は「あくまでも同文を主張してやまなかった宮本氏はさすがだと思う」と記している（松本、三六〇頁)。宮本の老練さが浮かび上がる。

「創共協定」をどのように評価すべきかについては後述するが、宮本の六歳上で獄中体験もあり、当時常任幹部会委員だった蔵原惟人は「党の五〇年以上の歴史の間に多少の変化・発展がありました[7]」と書き、「宗教と共産主義についての対話」では、「共産党自身にとっても一つの大きな自戒でもあったのです[8]」と述べている。

4 「宗教決議」の検討

本節では、一九七五年一二月に七中総で採択された前記の「宗教決議」について検討する。この決議を日隈威徳氏は「宗教決議[9]」、山下は「歴史的『宗教テーゼ[10]』」といわば格上げして略記しているが、党の公式文書ではフルネームで表現されており、『日本共産党の八十年』では、「創共協定」とはまったく切り離されてわずか三行の軽い扱いである。本稿では「宗教決議」とする。

「宗教決議」はまず「いっそう幅広い宗教者との対話、相互理解と協力、共同をめざすものである[11]」とその目的を鮮明に表明する。次のような構成になっている。

(1) わが国における宗教
(2) 宗教者の社会的活動とその二つの方向
(3) 地上の問題での相互理解と協調

（4）　科学的社会主義と宗教

（5）　宗教問題での日本共産党の基本的態度

（1）では、宗教を信じる人が人口の三分の一を占めること、多くの宗教者は民主的打開の方向に活路を見出すことができると展望する。

（2）では、反動的方向と多くの真面目な宗教者が抱く方向が存在し、後者との協力を志向する。

（3）では、宗教者の権理擁護、平和・核兵器全面禁止などの課題を五つあげて、宗教者の入党が可能であるとする。

（4）では、マルクスの「宗教は阿片である」をどう理解すべきかを示し、「政教分離」について説明する。宗教死滅については、「理論的予見」にすぎないとする。「愛国的、民主的な宗教者を高く評価」する。

（5）では、「伝道・布教をふくむ信教の自由を無条件で擁護する」と明確にし、「政教分離」について「二つの側面がある」と説明する（後述）。「創共協定」についても一言だけ触れている。

最後に「日本共産党が理想としている共産主義社会」を「自由な共同社会」と展望して結ばれている。

このように「宗教決議」は、宗教者を高く評価し、「相互理解と協調」を強くめざしている。その点で積極的なものとして評価することが出来る。

だが、「政教分離」については大いに問題がある。次にこの点を検討しよう。

「宗教決議」での説明を検討する前に、一般にはどのように理解されているかを確認しておこう。

ウィキペディアでは次のように説明されている。

「政教分離原則は、国家（政府）と教会（宗教団体）の分離の原則をいう。また、教会と国家の分離原則（Separation of Church and State）ともいう。ここでいう『政』とは、狭義には統治権を行動する主体である『政府』を指し、広義には『君主』や『国家』を指す。世界大百科事典では『国家の非宗教性、宗教的中立性の要請、ないしその制度的現実化』と定義されている」。

この説明に明らかなように、「政教」の「教」はもともと「教会」から来ていた。「宗教」の「教」ではなかった。漢字二（三）文字の熟語を一字で表わす際は、師弟、労資、地歴のように普通は最初の文字を使う（例外として「士農工商」がある）。日本には寺社は古くから存在するが、キリスト教は一五四九年のザビエルによる布教いらいとされ、「教会」の歴史は浅いし、数も少ない。それなのになぜ、「教」が「宗教」を意味するようになったのか、言語学者に教えてほしい。『広辞苑』で「せいきょう：政教」を引くと「政治と教育」とまず書いてある。「政」が国家を示すのも少し妙である。「政教分離」というと、憲法学者でなくても「信教の自由」を定めた憲法第二〇条を想起するだろうが、そこには「国」は二回出てくるが、「政治上の権力」と書かれているだけで、「政治」は出てこない。「政治上の権力」と「政治」とは異なる。言葉遊びをしているのではない。

以上の一般的理解を前提に共産党の「政教分離」についての理解を検討しよう。「宗教決議」の二カ月前に、宮本は『文芸春秋』に「歴史の転換点に立って」を発表した。宮本は、「政教分離といわれることの積極的内容の一つは、国家と宗教の分離であり、宗教は国家にとって私事でなくてはならないということである。もう一つは……宗教団体においては、特定政党支持を義務づけるべきではないという点である[12]」と説明する。この「もう一つ」が共産党独特の理解である。これは、労働組合運動において積年、一九八九年まで存在していた総評が社会党だけを支持したことに反対して、共産党が主張していた「特定政党支持反対」をスライドさせたものだが、労働組合と宗教団体とは決定的にその性格が異なっていることを見落としている点で誤っている。宗教団体への加入と就職とは異なる。労働組合あるいは企業などの構成員になる際には政治志向や宗教的信条はごく例外を除いて問題にはならず、切り離されているから、さまざまな価値観の人たちが混ざっている。だから、特定政党支持を義務づけるべきではない。だが、宗教団体は、その宗教団体を支持する人だけが加入できる、限定的な組織なのである。

不破氏も同じころ京都での宗教者との懇談会で「宗教団体は、特定政党を義務づけるべきではない」として、「信仰の共通性を特定政党への支持に直結させることは、……その政党の誤った態度まで宗教団体は支持するという有害な結果をみちびく点でも、正しくありません[13]」と結論している。

これらの説明を経て、「宗教決議」では「宗教団体の特定政党支持は、信者の民主主義的自由を奪うだけでなく、その政党の誤った態度まで宗教団体が支持するという二重に有害な結果をもたらす[14]」〔★〕と確定された。

果たしてこの説明はまっとうだろうか？　なぜ、「特定政党支持」がその「政党の誤った態度まで支持する」ことに直結するのか。或る政党に入党するのではなく、単に支持するだけでどうしてその政党の全ての政策や態度などを支持することになるのか。これは全くの錯誤である。こんな〝論理〟がまかり通るなら、政党の党員はおろか支持者までがその党への批判の自由をいっさい奪われることになる。宮本の場合には、多少の含みも残されていたが、不破氏と「宗教決議」では「特定政党支持」問題だけが強調されている。

なお、日隈氏（後述）も「政教分離」を支持し、「政教一体はなぜ悪か」という節まで立てて論じている。「政教分離は民主主義の原則」という項目では、その理由を五つあげているが、前記の★は第四番目に下げられている。[15]「宗教決議」では「二つの側面」の後者「宗教の側」（前者は「国家に関わる問題」）の主要説明とされているのだから、最初にあげるべきではないのか。

「政教分離」の中身に「特定政党支持」問題を加えるのは誤りである。問題はあくまでも宗教と国家との関係にある。初めにウィキペディアなどの説明を確認したが、紛らわしさを避けるためには、二〇一二年に私が「戦前における宗教者の闘い」で書いたように、「『政教分離』は正しくは〈宗国分離〉とすべきである。宗教と国家との癒着が問題なのである」。[16]「国宗分離」でもよいが、主要な問題関心は、国家についてではなく、宗教にこそあるから、宗教を先にして〈宗国分離〉のほうが適切である。宮本は「国教分離」と書いている。[17] また、「政教分離」問題でくりかえし「政教一致」と非難をあびた公明党は、国会でもその度に反論し、首相や内閣法制局長官などによる「宗教団体による政治活動の自由」を認める答弁を引き出してきた。この経過は、『公明党50年の歩み』で一章を設けて詳述されている（第14章）。そこでは「本来なら『国・教分離』と表現するのが妥当だ[18]」と書かれている。

宗教団体や政治団体がいかなる関係を結ぼうとも、それはそれぞれの団体（組織）の自由である。ドイツの政権与党はキリスト教民主同盟であり、オーストリア、スイス、ベルギーには「キリスト教社会党」も存在する。

この誤りを含むとはいえ、前記のように「布教の自由」——共産党は、敗戦直後の一九四六年の「憲法草案」で明記していた[19]——などを明確に打ち出した点で、「宗教決議」は優れた内実を備えたものと評価しなくてはならない。山下が「歴史的『宗教テーゼ』」と評する通りである。

5　共産党における宗教認識の後退

本節では、「創共協定」を「死文化」したものと葬り去った後、共産党における宗教認識が後退したことを明らかにする。だが、その前に、共産党など左翼世界において宗教がどのように認識されていたのかについて簡単に確認する。

前記のように、マルクスが書いた「宗教はアヘンである」という一句に縛られて左翼世界では宗教は忌避され、自分たちとは無縁の、ある場合には敵対的なものとする傾向がきわめて強かった。その一端は、二〇〇七年に「赤旗」の「日本共産党　知りたい聞きたい」という常設のコラムに次のような問答が掲載されていたことにも明らかである。見出しは「共産党は宗教や信仰を否定する政党ではないのか？」と立てられ、「問い」は「日本共産党は宗教を否定する政党ではないのですか。……マルクスは『宗教はアヘンである』と言っています[20]」である。「答え」のほうはここでは触れる必要はない。ここで確認したいことは、二〇〇七年の時点でもこのような問答が掲載されるのは何故かである。「宗教はアヘンである」はこのように広がりをもって流布されていたのである。後述の二〇〇一年に出版された京都での「宗教者と不破哲三さんとの懇談会」のパンフレットの短いリードにも「宗教はアヘンである」と引かれ、「長い歴史のなかで、あたかも両者〔宗教者と日本共産党〕が相容れない存在であるかのように描き出されてきた過去があります[21]」と書かれている。

もう一つ例示しよう。ロシア研究者の上島武は、二〇〇五年に同氏と私が共編した『レーニン　革命ロシアの光と影』に「ロシア革命と宗教」を発表した。このようなタイトルの論文は左翼のなかでは極めて稀である。上島は「宗教はアヘンである」を正しいものと評価したうえで、レーニン〔の〕見過ごしがたい欠陥」として、「宗教を『阿片』とするより『偏見』として捉え、偏見を放棄させるにあたって反宗教活動の意義を過度に評価したことである[22]」と書いている。上島の基本的立場は「宗教の克服をめざす」ことにある。

なお、上島は、「これらの欠陥を事実上免れて、レーニンを遥かにうわまわる宗教論・宗教克服論を展開したのは、またしてもトロツキーだった」として、トロツキーは「宗教はブルジョアジーの重要な思想的武器である」〔☆〕としながらも同時に「民衆の生活のありかた」に慎重な関心を保持したことを明らかにしている。この点でのレーニンとトロツキーとの違いを見落としてはいけないであろうが、〔☆〕が問われているのである。私には「アヘン」と「偏見」とに大きな決定的相違があるとは考えられない。

次に、「創共協定」の「死文化」後の共産党における宗教認識を取り上げよう。繰り返すことになるが、二〇〇三年に出版された『日本共産党の八十年』では「反共戦略とのたたかい」なる小項目のなかで、二頁を使って説明したが、「卑劣な対応」「術策」「策略」「死文」と否定的評価だけになった。[23] これでは、宮本、上田、山下の真剣な努力は、敵に騙された愚行となるほかない。「創共協定」の積極的意義を繰り返して説いた蔵原もピエロだったことになる。この点は次節で取り上げるが、その前に当時は書記局長でその後に議長にもなった不破哲三氏の言説を検討する。

不破氏は「創共協定」成立の過程では直接の役割はないが、一九七五年一二月に開かれた第七回中央委員会総会では書記局長として、この問題について報告し、総会では決議「共・創協定一年間の経過にたって」を採択し、同時に前節で検討した「宗教決議」を採択した。したがって「創共協定」成立に関わった宮本と上田や蔵原の宗教認識と不破の宗教認識は共通だと思われてきた。確かに外見上は類似の発言をしてはいる。だが、仔細に検討すると両者は「似て非なるもの」であることがはっきりする。

第一に、不破氏は、膨大な著作を著しているが、「宗教はアヘンである」については一言も自分の理解を明らかにはしない。不破氏はこの七中総で、「『宗教は民衆の阿片である』ということばで有名なマルクスの初期の論文に『ヘーゲル法哲学批判序説』という論文がありますが、この論文の全体的見地は……[24]」と報告している。問題の一句から「論文の全体的見地」へと論点をズラしている。だが、

「赤い帽子を被るFさんは立派な人だ」と言われて、「赤い帽子」の良否について、立派な人が被っているのだから高価なものかもと推測する慌て者は別にして、正確に判断できる人はいないであろう。不破氏は明確な判断を避けている。身につける装身具よりも、その人物の評価のほうが大切であることは言うまでもないが、「宗教はアヘンである」の一句が大きな論点になっているのだから、そこに答えることが肝心なのである。別稿でこの点に関する蔵原惟人の説明を明らかにしたが、きわめて対照的である。同じように、不破氏は、関連するレーニンの言動についても触れない。

第二に、不破氏は、二〇〇四年一月の第二三回党大会で党綱領の大幅な改定を主導する七カ月前の七中総（二〇〇三年六月）で、「宗教者の場合は……統一戦線の構成勢力に数えられるような性格の問題ではない[25]」と報告した。この発言は、平和運動などを広範に組織する宗教団体や宗教者を「統一戦線」から排除する大きな誤りであり、宗教についての無理解をあからさまにするものである。とても宮本や蔵原の宗教認識、さらに「創共協定」の精神に背くものである。前記のように、この時点では蔵原は鬼籍に入っていて、存命の宮本は一九九七年に現役を引いていた。不破氏は文字通り党のトップに立って自説・本音を明らかにしたのであろう。

だが、この発言は、貫くことができなかった。不破氏自身の大会での説明によると、この発言は「全国的反響をよび……多くの〔批判的？〕意見がよせられました。そこで、宗教者との共同の重要性を……表現するため」（同）に綱領改定案を書き換えることになった。不破氏の提案が下からの意見・批判によって変更を余儀なくされたのは異例であり、ある意味では党の健全さの現れであるともいえるが、ここでの焦点は、七中総での不破報告にある。不破氏の宗教・宗教者理解は歪んでいたのである。

実は、この問題は、日隈氏が『宗教とは何か』の「あとがき」の冒頭で暴露していた。日隈氏は綱領の改訂を取り上げ、前記の大会における不破発言を引用して経過を明らかにした。その文章の頭に「これには、若干のいきさつがある」とわざわざ傍点を付けた一句が書かれている。その「いきさつ」を詳しく知ることはできないが、何があったのか。私は二〇一二年に「戦前における宗教者の闘い」で、この「あとがき」に学んで、このことについて記述した。[26] 共産党の綱領に関心がある人は参照してほしい。

第三に、不破氏の「政教分離」の理解には大きな誤りがある。前節で明らかにした通りである。

第四に、不破氏は、「無宗教」なる創語を発しているが、その意味が不明である。不破氏は二〇〇一年三月に京都で宗教者との懇談会に出席し、「私たちは、党としては無宗教ですけれど……」[27]と発言した。短い時間に六回も連発。

「無神論」という言葉は一般的に使われており（「無仏論」は無い）、宗教を否定することを意味する。レーニンすら「無神論」には与しないと書いたので、共産党も時どきそこだけを引用している。だから、創語することはほとんどない不破氏は「無宗教」と思いついたのであろうが、この席でも浄土宗信徒から、「『無宗教や』と共産党が言うと、『宗教を否定しとるんやな』と誤解を与える」（同、二〇頁）という疑問が出た。当然である。不破氏は「『反宗教』ではなく、『無宗教』と言っているところに注目していただきたいと思います」と答えている（同、二五頁）。これで答えたことになっているであろうか。昨今の政府側の国会答弁を思い出す。「無宗教」と発言するたびに、「『反宗教』ではなく」と前置きするのか。

この不自然で内実が伝わらない珍語は、不破氏の他に使用例があるとも思えない。この発言の三年後に不破氏が主導した綱領の改訂でも当然ながら使われなかった。あえて創語するのなら〈解宗教〉のほうが良い。これなら宗教を理解するとすぐに分かる。

ついでながら、この懇談では、不破氏は神道にも触れているが、国家神道と民間の神道との区別を不問にしている（同、四二頁。蔵原と対照的）。

第五に、不破氏の宗教に関する発言には、宮本、蔵原、日隈氏の文章から伝わってくる宗教に対する尊敬の気持ちが欠如している。志位和夫委員長は近年、他の人たちやその運動を「リスペクト」しなくてはならないと強調するようになったが、不破氏には宗教（者）へのリスペクトの眼差しがまったく無い。

以上のように、不破氏は宗教について不十分な理解・認識しか有していない。その結果だと思うが、一〇〇冊以上の著作を著している不破氏には宗教を主題にした本は一冊もない。わずかに、前記の京都での宗教者との懇談会の記録が、「宗教者と不破哲三さんとの懇談会・事務局」の名前で五六頁の同名のパンフレットとして出版社からではなく京都の或るお寺から発行されているだけである。スターリン問題では「ノーベル賞級」(28)（「赤旗」の書評での誉め言葉）の著作をものしたというが、余りにお粗末ではないだろうか？

不破氏個人のレベルだけなら大した問題ではないが、この不破氏の〝本音〟が共産党の公式の見解にまで貫かれると不問に付すことは出来なくなる。『日本共産党の八十年』を取り上げないといけない。

6　「天に唾する」『日本共産党の八十年』の総括

すでに略記したが、二〇〇三年一月に刊行された中央委員会名の『日本共産党の八十年』では「創共協定」について、「反共戦略とのたたかい」なる小項目のなかで、一頁を使って説明した。まず、松本清張の名前もあげて経過をごく簡単に書いた後、「協定後に、創価学会がとった態度は、不誠実きわまるものでした」として、「誠実さを欠いた卑怯な対応に終始しました」と書き、「これらの経過は、日本共産党との交流・共同の申し入れの背景にあったのが、創価学会・公明党にたいする日本共産党の批判をかわそうとする術策であり、……創価学会と池田会長の側には……責任を負う意思がまったくなかったことをしめしました。こうして協定は死文化されました[29]」と結論する。さらに「七四年から七五年の策略以後、公明党・創価学会の反共主義は、いっそうあからさまなものとなりました」と続く。

この項目の記述とは切り離されて、次々節の二つ目の項目のなかに、「七五年一二月、中央委員会総会の決議『宗教についての日本共産党の見解と態度』を発表しました」と書かれている。「決議は、宗教にたいする党の立場を集大成しつつ、世界観や思想・信仰の違いをこえて、地上の問題で宗教者との可能な協力をめざす党の立場を鮮明にしました」（同、二二八頁。傍点：村岡。後述）と説明されている。「決議」からの引用はまったく無い。

「創共協定」についてのこのような否定的な総括には伏線があった。二〇〇〇年六月に京都で開かれた「宗教者との懇談会」で不破氏は、「宗教の共存を認めない宗教政党・公明党」として、「あの宗教政党、宗教団体には、市民道徳がないのです(30)」と悪しざまに罵倒したが、「創共協定」には一言も触れなかった。

「創共協定」についてのこのような否定的な総括は正しいのであろうか。すでに本稿でも明らかにしているように、池田氏と創価学会が後に不誠実な態度に陥ったことは紛れもない事実であり、公明党による「反共攻撃」も強く批判されるべきである。だが、後日の結果からその結果に到る過程全体を「卑劣な対応」「術策」「策略」と一括して評価することは、何事についても賢明な認識とは言い難い。もし、初めから「策略」であったとするなら、宮本、上田、山下らのこのことについての行為はすべて「策略」の罠に陥った愚行ということになる。不破氏も協定締結の翌日には「歴史的なものだ、たいへんだったね」と山下に「労をねぎらっ(31)」たのではなかったか。先に、山下の回想から「これらの〔池田〕発言を、どうしてペテンのための言葉だったなどといえよう。……池田会長も野崎氏も志村氏も真剣だった」を引いて、「この記述には留意すべきである」と付記しておいたが、まったく逆転してしまった。

だが、「策略」とは言えない事実が存在する。

一九七四年一二月一〇日の第四回会談では、野崎は「公明党中央からかりに共産党攻撃のビラがおりて来ても、学会下部ではまかせない」と話した（同、四六頁）。翌年二月七日の会談では、野崎は「聖教新聞の幹部にも話して、共産党批判のビラを一切作るなと言っておいた」（同、八四頁）と言った。事実、「三月〜四月のいっせい地方選挙では、大阪などでの公明党竹入委員長のあいもかわらぬ反共の絶叫はあったが、双方の下部組織でのトラブルはほとんど起こらなかった。これは『協定』の始動を示すものであった」（同、一八八頁）と山下は書いている。

公明党との関係においても次のような事実がある。一九七五年には国会で酒、タバコ値上げ法案が審議されていた。社会党は自民党とともに賛成したが、公明党と共産党が反対して廃案になった。七月五日の「赤旗」には「〝自社連合〟に効果的たたかい、貴重な成果・共公協力」という金子〔満広〕書記局次長の談話が掲載され、翌日の「公明新聞」には矢野〔絢也〕書記長談話「酒、タバコ値上げ法案〝廃案〟は公・共の成果――社会は革新の大道に戻れ」が発表された。

七月五日の「赤旗」には次のような記事も掲載された。参議院の議場内で共産党の女性の議員が「将棋倒しの形で演壇中央部に激しく押し付けられ、議場内は一瞬息をのみました。……その時、巨漢の公明党黒柳〔明〕議員らが衛視を押しのけ、安武〔洋子〕議員を救い出しました」（同、九九頁）。これも「策略」だったのか。

また、野崎から一一月一〇日の第二回目の会談では、「将来の問題として『仏法共産主義』ということが考えられないかという質問が出され」た（同、二五頁）。この発言に対して、「上田氏は首をひねる」。ついでながら、今の私なら『敗戦直後には『仏教社会主義同盟』も問題になり、妹尾義郎が『仏教社会同盟』を創ったし、ヨーロッパには『キリスト教社会党』もありますがね」とでも応じたであろう（妹尾は一九五九年末に共産党に入党した[32]）。

このような前向きでプラスに評価すべき行為・事実を「策略」と誤認するところからは積極的なものは何も生まれない。まさに「天に唾する」愚行としか言いようがない。

このように、『日本共産党の八十年』における「創共協定」についての記述は、無視することができない重要な誤りに陥っている。党史の記述としてもきわめて不自然である。本節では「創共協定」の記述と「宗教についての日本共産党の見解と態度」決議をつなげて取り上げたが、断っておいたように、『日本共産党の八十年』では別の節で関連なく記述されている。だが、この「決議」は、前記のように「共・創協定一年間の経過にたって」なる決議と同時に一対のものとして採択されたのである。なぜ、にもかかわらず、「創共協定」とまったく切り離されて記述されるのか。不自然きわまりない。「創共協定」締結がなければ、このような「宗教決議」を採択する必要はなかったはずである。

内容的にもここでなぜ前記のように「可能な協力」（傍点：村岡）と三文字が加えられているのか。「宗教決議」にはこの形容句は書かれていない。何かを協力して為そうとする場合、いつも「可能な」と形容・限定する必要があるのだろうか。日常生活では、ずる賢い人は約束を守る気はないのに、「できるだけ約束は守ります」と言う。この「可能な」には宗教（者）との協力についての戸惑いや後ろ向きの姿勢・本音がにじみ出ている。不破氏の本音についてはすでに明らかにした通りである。

共産党が宗教者との共闘を追求する努力を大幅に低下させたことは、党の役員人事にもはっきりと反映している。一九七三年の第一二回党大会では、常任幹部会委員の蔵原が「知識人・文化・教育委員会」の「責任者」で、この時には宗教委員会はなかった（七八年春に設置され、蔵原が責任者になる）。一九八〇年の第一五回党大会で「文化・知識人局」と改組され、そのなかに「宗教委員会」が設置され、「責任者」は中央委員の西沢舜一（著書多数）。八二年の第一六回党大会で「文化局」に変わりその「宗教委員会」の「責任者」に準中央委員でもない日隈氏（八七年の第一八回党大会で中央委員に）が就く。だが、二〇〇四年の第二三回党大会で日隈氏は退任し、その後任は準中央委員ですらない平静丸氏に代わってしまった（その後は略）。「文化局」はその後また別の名称になるなど、いずれにしても「宗教委員会」が軽いポストになってしまったことは明らかである。

否定面を明らかにしたので、プラス評価すべきことにも触れておこう。宮本をはじめ絶えず強調しているが、宗教者でも入党できるし、クリスチャンの小笠原貞子は一九八七年の第一八回党大会で副委員長となり、九四年まで務めたし、二〇〇〇年の第二二回党大会では浄土真宗の住職が大会代議員となった。また一九九八年には「全国宗教人・日本共産党を支持する会」が創設され、現在も活動し、ごくまれに「赤旗」に関連記事が掲載されている。

むすび

以上、「創共協定」の締結とその後の経緯について明らかにした。私たちは、そこからどのような教訓を得ることができるのだろうか。

第一に、「創共協定」の歴史的意義を明確にしなくてはならない。公称七五〇万世帯の巨大な宗教団体と革新勢力の一翼をなす、党員三〇数万の政党（当時）とが、それまでは対立・抗争も繰り返していたにもかかわらず、平和と核兵器の全廃を共通の目標にして「協定」を創り上げたことはきわめて大切で重要な歴史的成果であった。二つの組織は誕生の時もその目的も歩みも異なり、言葉遣いも違っていた。それが二カ月間に六回の会談・折衝を重ねて合意に達した。その秘められた可能性が大きかったがゆえに、マスコミでも大きく話題となり、自民党も注目して警戒し、公安当局も動いた。

池田氏の「宗教とマルキシズムの共存は、人類の未来のために不可欠の文明的課題である」という発言は、死語に近い「マルキシズム」を〈社会主義〉と置き換える必要はあるが、宗教者から発せられたという意味でも高く評価し、共通認識にしなくてはならない。宮本も「歴史の転換点に立って」で「詩人金芝河は、最近、獄中で書いたその『良心宣言』の中で、『神と革命との統一』を説いている[33]」と書いている（金芝河は通算七年間獄中生活）。私は、〈社会主義と宗教との共振〉こそが必要だと提起する（本書収録の別稿、参照）。

第二に、「創共協定」は残念ながら「死文化」されてしまったが、決して忘失してはならない。善意の努力がストレートに成功裏に結実することは稀であり、しかも事は社会的にきわめて大きな影響をもつが故に、妨害や敵対を必然的に生み出す。その厳しい抗争を潜り抜けて、善意は成就されるのが歴史の常である。初志を貫けなかった池田氏はさぞ無念だったに違いない。本意ではない対応を迫られたに違いない。このことを通して、私たちは歴史的な難事を実現するためには、周到な準備、しっかりした組織が不可欠だと学ばなければならない。

共産党の場合には、一九五〇年の「五〇年分裂」からソ連派、中国派との激しい分裂・抗争を経て創り上げてきた強固な党の体制が備わっていて、そのトップに宮本が立っていたが、宗教組織である創価学会はそうではなかった。しかも「自らが生み出した」公明党が国政に進出していた。この点で、公明党に対する池田氏の判断が甘かったのは明らかである。第2節で共産党と公明党との「公開質問状」に触れたが、公明党が共産党に「憲法三原理をめぐる公開質問状」を発した直後に、公明党の志村氏が松本宅を訪問したことになる。この訪問が「創共協定」の出発点となった。池田氏の真意がどこにあったのか、不可解とすら言える。「謀略」でないことは明らかであるが、公明党指導部との意志疎通が欠如していた。『公明党50年の歩み』では冒頭に「池田大作公明党創立者」の全一頁写真が掲載されているが、「創共協定」は一言も触れられていない。

第三に、社会的な出来事には常に「表があれば裏もある」。善意と悪意は常にその比重は定まってはいないが混然一体である。何事かを成就させようと意志する人間は、事態の積極面をこそ延ばすことに腐心・努力する必要がある。何かのテストで一〇〇点満点を取ることは珍しくないが、この世の中に個人でも組織でも完全無欠はあり得ない。だから一般的には欠点を暴くよりも成果を尊重するほうが良い。しかし、責任ある位置に立つものは逆に厳しい批判にさらされることを覚悟しなくてはならない。

以上の三点をしっかりと確認するなら、「創共協定」はゴミ箱に投げ捨てて葬り去るのではなく、逆にその核心を活かさなくてはならない。共産党自身が一九七六年一二月には「共・創協定二周年にあたって」で、「共・創協定に示された、国民的な合意の探究につながる精神そのものは、現在においても将来においても、けっしてその価値を失わないものです(34)」と高唱していたではないか。その意味で、第6節で明らかにしたように、『日本共産党の八十年』の記述にあるような「術策」なる評価・総括は根本的に誤っている。それでは、歴史から何かを学ぶことはできない。せめて「『創共協定』は死文化したが、『宗教決議』を得ることは出来た」と総括することは可能だったはずである。

ただし、第六項の「日本に新しいファシズムをめざす潮流が存在しているとの共通の現状認識」については、その当否を検討する必要が或る。安易に「ファシズム」だと危機感を煽るのは誤りである。私は、「ファシズム」認識を除いた上で「創共協定」の復活・再現をこそ求める必要があると考える。そのためには、創価学会や与党化した公明党のこの四〇年余の歩みを知ることも不可欠であり、その課題は他日を期す以外にない。偶然にも本稿の執筆過程で或る小さな集会（七月二一日、現代を聞く会の例会）で氏家法雄氏（創価女子短期大学元非常勤講師）が「公明党は何処へ行く」をテーマに講演し、講演の結びで一言だけであったが、「創共協定の復活」に触れた。

毎朝、日蓮上人のお題目「南無妙法蓮華経」を唱える八二七万世帯の創価学会の信者たち、教会に通うキリスト教の信者たち、大本の信者たちなどと、「赤旗」を配布・集金したり、職場や地域で根気のいる党活動を地道につづける三〇万の共産党の党員たちが、協力する日がいつか訪れるであろう。

〈参照文献〉

- 『池田大作・宮本顕治　人生対談』毎日新聞社、一九七五年。
- 蔵原惟人編『宗教と共産主義についての対話』新日本出版社、一九七六年。『対話』と略。
- 蔵原惟人『宗教　その起源と役割』新日本出版社、一九七八年。『起源』と略。
- 『日本共産党と宗教問題』新日本出版社、一九七九年。『宗教問題』と略。
- 山下文男『共・創会談記』新日本出版社、一九八〇年。山下と略。
- 松本清張「『創共協定』経過メモ」。『作家の手帖』文芸春秋、一九八一年。松本と略。
- 『宮本顕治の半世紀譜』新日本出版社、一九八三年。
- パンフレット：宗教者と不破哲三さんとの懇談会・事務局『宗教者と不破哲三さんとの懇談会』法林寺、二〇〇一年。
- 『日本共産党の八十年』日本共産党中央委員会出版局、二〇〇三年。日本共産党と略。
- 日隈威徳『宗教とは何か』本の泉社、二〇一〇年。日隈と略。
- 公明党史編纂委員会『公明党50年の歩み』公明党機関紙委員会、二〇一四年。公明党と略。

〈注〉

(1)『宮本顕治の半世紀譜』三四四頁。
(2) 日本共産党、二〇八頁～二一〇頁。
(3) 山下、一九〇頁、一五一頁。

(4) 公明党、一二六頁。第6章で「人間性社会主義」について説明している。私は今度はじめてこの単語を知ったが、左翼のなかではほとんど問題にされたことがない。大きな欠落である。
(5) 松本、三三四頁。
(6) 山下、一六六頁。
(7) 蔵原惟人「宗教をどう見るか」『起源』七一頁。
(8) 蔵原惟人「宗教と共産主義についての対話」『対話』九五頁。
(9) 日隈、一九五頁など。
(10) 山下、一五七頁。
(11) 「宗教決議」『宗教問題』に収録。
(12) 宮本顕治「歴史の転換点に立って」『文芸春秋』。『宗教問題』九一頁。
(13) 不破哲三「宗教問題についての日本共産党の態度」『宗教問題』六〇頁。
(14) 「宗教決議」『宗教問題』二五頁。
(15) 日隈、二五五頁。
(16) 村岡到「戦前における宗教者の闘い」『親鸞・ウェーバー・社会主義』ロゴス、二〇一二年、五八頁。
(17) 宮本顕治論文、『宗教問題』八〇頁。
(18) 公明党、二一四頁。
(19) 蔵原惟人『起源』一〇九頁。
(20) 「赤旗」二〇〇七年四月七日。

(21) 『宗教者と不破哲三さんとの懇談会』三頁。
(22) 上島武「ロシア革命と宗教」。上島武・村岡到編『レーニン　革命ロシアの光と影』社会評論社、二〇〇五年、七五頁、七六頁。
(23) 日本共産党、二〇八頁～二一〇頁。
(24) 不破哲三報告『宗教問題』一〇一頁。
(25) 『前衛』臨時増刊、二〇〇四年四月、五九頁。日隈、三六七頁にも引用あり。
(26) 村岡到「戦前における宗教者の闘い」『親鸞・ウェーバー・社会主義』所収。
(27) 『宗教者と不破哲三さんとの懇談会』七頁。
(28) 二宮厚美・書評：渡辺治・不破哲三『現代史とスターリン』。「赤旗」二〇一七年七月一六日。恥を知れ、としか言いようがない。
(29) 日本共産党、二一〇頁。
(30) 『宗教者と不破哲三さんとの懇談会』四三頁～。
(31) 山下、七二頁。
(32) 村岡到「戦前における宗教者の闘い」『親鸞・ウェーバー・社会主義』五〇～五四頁。
(33) 宮本顕治「歴史の転換点に立って」『宗教問題』八六頁。
(34) 『宗教問題』四四頁。

社会主義と宗教との共振

近年、左翼（日本共産党など）のなかでは宗教はほとんど話題になっていない。だが、本稿では、社会主義と宗教との関係について考察する。第1節では人間社会における宗教の大きな位置について明らかにし、第2節では私が宗教について初めて取り上げた一二年前に何を考えていたのかを確認し、第3節では共産党の幹部だった蔵原惟人の宗教理解が優れていたことを顕彰し、第4節では〈社会主義と宗教との共振〉こそが必要であることを主張する。

1　宗教の大きな位置

改めて言うまでもなく、人間社会において宗教はきわめて大きな位置を占めている。宗教の起源は中期旧石器時代（五～三〇万年前）とされている。あまりにも遅きに失した確認ではあるが、この認識の欠落が招いたマイナスがいかに大きかったかを、私は痛感している。七〇年余も歳を重ね、半世紀以上にわたって社会主義を希求してきたが、この欠落を埋めることが大切であると近年ようやく自覚しつつある。本節では、三点だけ上げる。

第一は、今年五月に「朝日新聞」が大きく取り上げた、アメリカとキューバの国交改善についての記事である。周知のように、一九五九年にキューバ革命が成就した後、アメリカとキューバは国交が断絶し対立が続いていた。だが、二〇一四年一二月一七日にアメリカのオバマ大統領とキューバのラウル・カストロ議長は、両国が国交正常化交渉を開始すると公式発表した。そして一六年三月にオバマ大統領は現職の大統領として八八年ぶりにハバナを訪問した。今年一月にトランプ大統領に代わり、「対キューバ政策を見直す」とする逆流も起きているが、アメリカとキューバの国交回復が大きな歴史的意義を有することに変わりはない。

この歴史的な出来事の背景にローマ・カトリック教会のフランシスコ教皇の働きかけがあった。バチカンに拠点を置くローマ・カトリック教会は、世界最大の宗教団体であり、その信者は約一二億七〇〇〇万人（人類は約七二億人。二〇一六年）。フランシスコ教皇は、二〇一三年一一月にハイメ・オルテガ枢機卿にアメリカとキューバの関係改善の仲介を依頼してオバマ大統領宛ての「密書」を託した。オルテガ氏は、一九八一年から二〇一六年までハバナ大司教を務めた。この仲介によって、オバマ大統領は動き出した。その経過はこの記事に詳述してある。(1)ローマ・カトリック教会はこれ以前にも核戦争の瀬戸際かと不安を高めた、一九六二年の「キューバ危機」の際にはヨハネ二三世が米ソ両国に戦争回避を働きかけ、ソ連邦崩壊後の一九九八年にはヨハネ・パウロ二世がキューバを初訪問した。実は、キューバ国民の多数はカトリックの信者である。

このように、ローマ・カトリック教会は、世界史の動向にきわめて大きな役割を果たしている。この事実を直視しなくてはならない。

また、中南米ではカトリック司祭による「解放の神学」が大きく広がっている。

第二に今日の日本での宗教状況を知る必要がある。ウィキペディアによれば、「宗教の信者数は、文化庁が宗教法人に対して行った宗教統計調査によると、神道系が約一億二〇〇〇万人、仏教系が約九〇〇〇万人、キリスト教系が約二九四万人、その他約九〇六万人、合計一億九〇一七万人となり、これは日本の総人口のおよそ一・五倍にあたる。しかし個々の国民へのアンケート調査等では、『何らかの信仰・信心を持っている、あるいは信じている』人は二割から三割という結果が出ることが多い」と説明されている。創価学会は約八〇〇万世帯と言われている。ここではそれらの動向については省略するが、これだけ多くの人が宗教に関わっていることを無視することはできない。

第三に、これまた外国での出来事であるが、一九一七年のロシア革命とその後の七四年間のソ連邦の歩みにおいて、これまでほとんど隠されてきたが、「古儀式派」なるキリスト教の宗派がきわめて大きな位置を占め、深い影響を及ぼしていた。「古儀式派」は『広辞苑』にも無い（「古義真言宗」はあるが）し、トロツキーの『ロシア革命史』の膨大な索引にも無い。次節で取り上げる広岡正久著『ソヴィエト政治と宗教』にも出てこない。

この歴史的事実の発掘は、下斗米伸夫氏によって近年、精力的に探究され、今年三月には『ソビエト連邦史』(2)が刊行された。これまでは「宗教はアヘンである」とするマルクスの一句に縛られて封印されてきたが、その実相が明らかになりつつある。この著作については、私は直ちに高く評価し、「図書新聞」に書評を発表し、さらに「ロシア革命論・ソ連邦論に新地平」を書いた。この隠された事実もまた、社会主義と宗教との実に深い関係を示すものである。

以上に略記した三点を正視すれば、社会主義を志向する人間にとって宗教がきわめて重要な意義を有することを理解できるはずである。宗教についての理解を欠いたまま社会主義を志向＝思考することはできない。

2　論文「宗教と社会主義」（二〇〇五年）の到達点

私は二〇〇五年に「宗教と社会主義――ロシア革命での経験[3]」を発表した。偶然にも神田の古本屋で手にした広岡正久著『ソヴィエト政治と宗教』を読んで「建神主義」なるものを知り、それがロシア革命の初期に大きな役割を果たしていたことに驚いて、その一人であるルナチャルスキーの名前は知っていたので、彼の歩みを整理し「建神主義」について書いた。以下、引用符なしに要点を抜粋する。

私には、建神主義なるものが一定の影響力をもって拡がっていた事実それ自体もきわめて興味深いが、同時に、この事実が左翼のなかでは今までほとんど知られていなかったことに大きな、反面教師的な意味があると思われる。

埋もれた史実というだけなら、ほかにもたくさんあるだろう。これからもさまざまな事実が発掘されるにちがいない。そのたびに、私たちは歴史認識を深めてゆく。建神主義をめぐる動向を知ることによって、私たちはロシア革命についても、〈社会主義と宗教〉問題についても認識を深めることができそうである。

私は、マルクスの有名な「宗教は民衆のアヘンである」（「ヘーゲル法哲学批判序説」）とか「法律はブルジョア的偏見である」（『共産党宣言』）という理解は誤っていると、考えるようになった。ルナチャルスキーの『社会主義と宗教』を読めば、はっきりすることが多いはずであるが、ここでは広岡の叙述から要点を引くことしかできない。ルナチャルスキーは『宗教の未来』で、マルクスの科学的社会主義は「すべての宗教のうちでもっとも宗教的な教義であり、真の社会民主主義者はもっとも深く宗教的な人間[4]」だと説いた〔この引用は、本稿で加えた〕。

ルナチャルスキーが、「建神主義」を唱え、かつそれを改宗することなく、レーニンによって〔一〇月革命直後に〕「文部大臣」に抜擢されていたことを知ることは、大きな意味がある。

宗教は今日なお社会生活できわめて高い比重を占めている。各国によって相違があることはいうまでもないが、昨年〔二〇〇四年〕のローマ教皇の死去や新教皇の式典が数百万人の規模で執行され、各国の政府要人が参列し、国際政治の焦点にもなっている。〔四大宗教の数値省略。本書、九五頁〕

一九〇一年に創設された日本最初の社会主義政党である社会民主党の最高指導者六人のうち五人までがキリスト者であり、大正デモクラシーの代表的人物である吉野作造はキリスト教徒であった。

戦時中に宗教的信念を貫いて獄死した、創価学会初代会長牧口常三郎の評価や一九二一年（大正一〇年）と一九三五年に二次にわたる弾圧を受けた大本教も左翼の世界では無視されている。

敗戦直後には、今では振り返るものはほとんどいないが、哲学者の梅本克己が口火を切った主体性論争が論壇をにぎわせていた。梅本が一九四七年に発表した「唯物論と人間」の冒頭には河上肇の自叙伝から「絶対的無我という一つの宗教的真理と、マルクス主義という一つの科学的真理とは、私の心の中に牢固として抜くべからざる弁証法的統一を形成しつつ[5]」というセンテンスが引かれていた。この論文には「マルクシズムと宗教的なもの」というサブタイトルが付けられていた。

宗教を「アヘン」であるとか、「偏見」であるとかと切り捨てることを止めることによって、現実の世界の変革（その核心は、生産関係の変革）を求める社会主義運動と、人間の内面的世界の安心を求める宗教的傾向とは緊密な協力関係を創り出すことができるであろう。

〔私はこの論文の結びで次のように確認した〕。

レーニンの宗教論を批判したオーストリアのオットー・バウワーの流れを汲む法学者グスタフ・ラートブルフは、「社会主義は、或る特定の世界観に結びつくものではない[6]」と明らかにした。

この論文を発表した直後に、『社会主義はなぜ大切か』を著し、そこでも「私たちは、宗教や宗教的傾向を排斥するのではなく、内在的に対話し、〈心の問題〉に豊かな内実を創造してゆかなくてはならない。第二次世界大戦でナチに対するレジスタンスのなかで、『神を信じる者も信じない者も』が合言葉にされたように、私たちは宗教者とも根底的な次元から真摯な協力関係を創り上げていかなくてはならない[7]」と結論した。その後、私は次の論文を書いた。

- 「社会主義像の刷新」　二〇一二年五月
- 「戦前の宗教者の闘い」　二〇一二年六月
- 「親鸞を通して分かること」　二〇一二年九月

「社会主義像の刷新」では、「三　宗教的なものと社会変革との〈調和〉」と項目を立てて、「宗教が『人間の内面的世界の安心を求め』る志向性を不可欠とすることに留意するなら、はっきりと『宗教的なものと社会変革との〈調和〉』が可能であり、必要であると結論しなくてはならない(8)」と書いた。「戦前の宗教者の闘い」の結びで、私は、「辛苦に耐えて真実の道を歩まんとした求道者に多くの人びとが共鳴する。そういう人たちとの接点を内在的に深めることに、今日の閉塞状況を突破して社会主義への道を切り開く一つの有効な通路があるに違いない。そう気づいたからには、この難路に踏み出すことが、私の人生の次の課題である(9)」と書いた。

「親鸞を通して分かること」では、親鸞が平等を強く説いたことに踏まえて、「私たちは、〈心の在り方〉についても、〈社会の構造〉についても深く理解する努力を重ねなくてはいけない(10)」と結論した。

自分が書いた論文を自賛しても意味はないが、重ねて引用したい文章も少なくない。二つだけ、深く感動した五木寛之氏の文章を重引する。

「人間の中には、本来、よりよく生きようとする志向性が逆らいがたく内在しているのだ、と考えた方がいい。そこに宗教家の存在理由があります」。

「地方からはるばるやってきた農民が、山科本願寺にきて巨大な屋根を見たとします。あの瓦の一枚一枚が各地の門徒たちの小さな志で出来たのだと思うとき、自分もあの瓦の一枚なのだと感じたときに、砂のごとく孤立した自分が人間としてつながりを感じ、不思議な一体感に体が熱くなったに違いありません」。

ぜひ、これらの拙文も参照してほしいが、話を前に進めよう。

3 蔵原惟人の宗教理解の深さ

翻って歴史を振り返ると、日本に社会主義思想が伝わり、その運動が創始された明治時代には、社会主義をめざす運動の中心部にキリスト者が存在していた。前記のように一九〇一年に創設された社会民主党の最高指導者六人のうち五人までがキリスト者であった。だが、ロシア革命の勝利の強い影響下で、レーニンが率いるボルシェビキのほうが「正統派」とされるようになり、いらい、左翼運動とキリスト者の運動とは、接点を保つ部分もあったが、大きくは切り離された。そのさい、「宗教はアヘンである」とするマルクスの一句がレーニンの解釈を通して左翼のなかに浸透したことが強く作用した。一九二五年に制定された治安維持法による弾圧と戦争への突入という時代状況のなかでの多くの宗教者の屈服・転向もまた左翼にとっての宗教評価を下げる要因となった。

しかし、宗教者のなかにも戦争に断固として反対し自らの信条を貫徹した人も存在した。大本教の出口王仁三郎、創価学会の初代会長牧口常三郎（獄死）、二代会長戸田城聖などを忘れてはいけない。

「治安維持法で検挙された宗教団体関係者は、一九三五年～四三年だけで一九一一人にものぼっています[11]」と共産党が明らかにしたこともある。

この歴史的事実は日本の社会主義運動にも実は大きな影響を生み出す重要な契機となっていた。治安維持法によって八年間も獄中に繋がれた共産党の蔵原惟人や獄中一二年の宮本顕治に強い影響を及ぼしたと考えられる。本稿の結論の一部を先走って記すことになるが、共産党は、敗戦の翌年に「布教の自由」を綱領的文書に明記していた[12]。これは世界の社会主義運動に先駆ける方針である。後に宮本は池田大作氏との対談の初めで「牧口さんや戸田さんの受難[13]」について語っている。

本節では、蔵原惟人の宗教理解について紹介する。『ブリタニカ国際大百科事典』によれば、一九〇二年に東京で生まれ、一九九一年に没した。二三年に東京外国語学校露語科を卒業し、二五年二月から翌年一一月までソ連邦に留学、帰国後『文芸戦線』同人となり、マルクス主義文学運動の指導的理論家となった。三二年に治安維持法違反で検挙され、四〇年に非転向で出所した。敗戦直後に中野重治、宮本百合子らと新日本文学会を結成し、共産党中央委員となった。

加えると、一九五八年の第七回党大会で幹部会委員（九人）となった。生まれは東京だが、父・蔵原惟郭は熊本県で一八七六年にプロテスタントのキリスト教による「熊本バンド」結成の「奉教趣意書」に一四歳で署名し、後に政治家、教育家となり、衆議院議員にもなった。

蔵原は数多くの著作を残し、全一〇巻の『蔵原惟人評論集』が刊行されている。とても目を通すことさえ出来ないが、宗教については第一〇巻が当てられている。その「解説」で蔵原の下で宗教関係の部署で長年にわたって活動した日隈威徳氏は「一国の共産主義運動の指導的人物で、その著作集に宗教論のジャンルをもつ例は、きわめて稀有ではなかろうか。しかもその宗教論が統一戦線の理論と実践[14]」に寄与したと評し、永井潔の「このような構図をもった宗教論は今まで世界にほとんど見あたらない」という評言を引用している。日隈氏は「蔵原惟人という存在がなければ、〔宗教者との〕対話運動があれほどのひろがりと深みをもつことはできなかったのではないか」とまで高く評価する。もちろん別稿「『創共協定』の歴史的意義とその顚末」（本書に収録）で主題的に取り上げた「創共協定」にも大きく寄与したに違いない。日隈氏の『宗教とは何か』でもっとも頻繁に宗教者との対話を行ったと記録されているのは蔵原である。

なお、日隈氏の父は仏教徒であった。[15]「威徳」は親鸞の言葉に由来すると、日隈氏自身が語っている。また、日隈氏は、東京大学で仏教学者中村元に学んでいた。

蔵原は、敗戦直後一九四六年末に「共産主義の歴史と宗教」を書いた（第一〇巻、巻頭に配置）。七五年の「創共協定」の発表後には「宗教についての日本共産党の立場」、「宗教にかんする二、三の問題」などいくつかの論文を書いている。

何よりも明確にしなくてはならないことは、蔵原は宗教についてきわめて肯定的にその意味・意義を認めていることである。

「宗教をどう見るか」で明言されている次のような基本的認識が一貫している。

「宗教者と共産主義者との間の対話と協力、そこからくる相互理解のなかで、もしも宗教と共産主義の双方がその原点にたちかえれば、その世界観の相違にもかかわらず……、一時的ではなくて永続的に協力し、団結しうるという確信に達しつつある」[16]。神道に触れる場合には、「国家神道と民間神道とははっきりと区別している」と書き、「共産主義が原始仏教に似ているとお考えになって結構です」と答えている。

また、「浅野順一氏との対談」では「宗教に学ぶべき点は非常にあるんだと思います」と率直に語っている。

このように宗教を深く理解する蔵原は、マルクスの例の「宗教はアヘンである」について明確に批判的評価を明らかにしている。何度か論及しているが、赤旗編集部主催の「宗教者との対話」が一番はっきりしている。そこでは「マルクスが『阿片』と言った意味は」と小見出しを立て、「確かにマルクスは、宗教は阿片であるということを言っています。しかしそれを彼は二五歳の時に書いた『ヘーゲル法哲学批判序説』という論文のなかで一回だけ言っているので、それ以外のところでは一度もこの言葉を使っていません[17]。エンゲルスは私の知るかぎりでは、まったくこの言葉を使っていません」と説明し、そのすぐ前に書いてある「悩めるもののため息」を引いて、「毒薬という意味で使っているのではありません」と説明した。続けて、「レーニンは〔この〕マルクスの言葉を何回か用いて、それが『マルクス主義の世界観全体の要石である』とさえ言っており、さらに『マルクス主義は現代のすべての宗教と教会を……ブルジョア的反動の機関であると考える』と、相当きびしい意見を述べています」と付け加えた。そして、これらの言葉を「教条主義的に適用することは誤りであると、われわれは考えています」と結論している。多少は不鮮明な言い方だが、「宗教はアヘンである」という一句を偏重して宗教を絶対的に敵対視する理解が誤りであることを明らかにし、同時にその誤りにレーニンが陥っていることを示唆している。

次に、蔵原は、「創共協定」について触れるなかで「党の五〇年以上の歴史の間に多少の変化・発展がありました[18]」と書き、「宗教と共産主義についての対話」では、「共産党自身にとっても一つの大きな自戒でもあったのです[19]」とまで述べている。

この蔵原とは対照的に、不破哲三氏は膨大な自著を有しているが、「宗教はアヘンである」については一言も自分の理解を明らかにはしない。不破氏は、一九七五年末の中央委員会総会で「『宗教は民衆の阿片である』ということばで有名なマルクスの初期の論文に『ヘーゲル法哲学批判序説』という論文がありますが、この論文の全体的見地は……[20]」と報告している。問題の一句から「論文の全体的見地」へと論点をズラしている。だが、「赤い帽子を被るFさんは立派な人だ」と言われて、「赤い帽子」の良否について、立派な人が被っているのだから高価なものかもと推測する慌て者は別にして、正確に判断できる人はいないであろう。不破氏は明確な判断を避けている。身につける装身具よりも、その人物の評価のほうが大切であることは言うまでもないが、「宗教はアヘンである」の一句が大きな論点になっているのだから、そこに答えることが肝心なのである。マルクスを批判するのは不敬罪だとでも思っているのであろう。なぜ、蔵原から学ぶことが出来ないのであろうか。日隈氏は、蔵原の記述を引用している[21]。本筋に戻ろう。

蔵原がこれだけ深く宗教を理解していた素地は、獄中体験（蔵原は獄中でロシア語の聖書を読破した）[22]の他に前記のように一四歳で熊本バンドに加わった父の影響が強かったと言えるであろう。母親もまた強い人であった。警察で蔵原に面会した際に、彼女は最後に「あなたも信念をもってやったことですから他人の迷惑になることをしなさんな」と告げた。蔵原は「同志を裏切るな」の意と理解した。看守は「あんたのお母さんは大したものだ」と言ったという。

蔵原は、仏教にも通じていて仏教の説教に由来する「一辺倒」はいけないと語っているのだが、その姿勢を、私たちは蔵原にも適用しなくてはいけない。前記のように宗教を深く理解していたにもかかわらず、他方では文芸については「政治の優位性」[23]を強調した。ここでは指摘だけに留めるが、この「政治の優位性」論は大きな災いを結果した。その限界・否定面に目をつむることはないが、そのことよりも重要なのは、共産党のトップ幹部のなかに、このような質の高い宗教認識が保持されていたことである。これはきわめて貴重な、共通認識として広がることが望ましい歴史的成果である。

4 社会主義と宗教との共振

ここまでの論述では〈宗教とは何か〉という定義は抜きにしてきたが、改めてはっきりさせることが大切である。前記の『社会主義はなぜ大切か』では「〈宗教とは、人間の内面的世界の安心を求めて、何らかの超越的なものを信仰する行為で、絶対的な性格をもつ教義と教祖を不可欠とする〉、と規定できる[24]」と書いた。「人間の内面的世界の安心」とは別言すれば〈心の問題〉である。さらにその七年後の「社会主義像の刷新」では、前記の「不可欠とする」を「を求める傾向がある」と書き換えた[25]。言うまでもなく、もっと深く考察する必要があるが、今は先を急ぐしかない。

オウム真理教を例示するまでもなく、他者に危害を加える歪められた宗教も存在するが、全体として見れば、宗教に関心のある人は、私利私欲に囚われることが少ないと言える。

では、〈政治活動〉はどのように定義されるのか。政治は社会を統治する行為であるから、そこに積極的に関わろうとする者は、〈社会のあり方〉に関心を抱き、その変革を求める。あるいは逆に「変革」を阻止する立場・場合もある。

五年前には、両者の協力までは説いていたが、対比して定義することはしていなかった。関連する著書をわずかながら勉強した範囲でも対比して定義する例を読んだことはない。宗教は宗教、政治は政治と互いに蛸壷にはまっていることが多いからである。さすがに、前記の別稿で高く評価した池田氏は「政治はやはり人間の外から、人間を方向づけようとする本質を持っているのに対し、文化は、人間性の内なる発露を外に拡大してゆく本質を持っています[26]」と、宮本顕治との対談で話している。ここでの「文化」を「宗教」と置き換えてもよいだろう。

では、前記のように対比して捉えると、何が新しく理解できるのか。言葉は相互理解のための手段であり、或る言葉を発することによって次に何が連想・理解できるのかにこそ意義がある。

宗教を〈心の問題〉、政治活動を〈社会のあり方〉に重点を置くものとして理解することによって、両者の根源には〈人間の幸せ〉を希求するという共通性が存在する、と理解できるのではないであろうか。第3節で蔵原から「もしも宗教と共産主義の双方がその原点にたちかえれば、……永続的に協力し、団結しうる」という「確信」を引用したが、この理解と通底する。

この根底的な共通性に立脚して、〈心の問題〉に重点を置く人間と、〈社会のあり方〉に重点を置く人間との協力が可能となる。私たちは、社会主義を志向するがゆえに、〈社会主義と宗教との共振〉と明示することが適切ではないだろうか。池田氏は、「宗教とマルキシズムの共存は、人類の未来のために不可欠の文明的課題であるといいたい」とまで、宮本との対談で述べている。

ここで、「政教分離」はどうなるのだ、という反発が聞こえる。だが、すでに「戦前における宗教者の闘い」で書いたように、「『政教分離』は正しくは〈宗国分離〉とすべきである。宗教と国家との癒着が問題なのである」[27]。宗教団体や政治団体がいかなる関係を結ぼうとも、それはそれぞれの団体（組織）の自由である。ドイツの政権与党は「キリスト教民主同盟」であり、敗戦直後の日本にも妹尾義郎らによる仏教社会主義同盟結成の動きもあった[28]。

前に「調和」と書いた（本書、四七頁、一一八頁など）が、「共振」と創語したのは、新しい理解を加えているからである。相互に魂を振るわせながら協力するという理解を加えてもよい。有限な人間は生まれも環境も好みも得手不得手も千差万別であり、どこに重点を置いて生きるかは無限の広がりが存在する。信仰に生きる人も、政治的活動に生きる人も、互いを排斥・反発するのではなく、〈共振〉することが出来るのであり、しなくてはいけないのである。〈社会主義〉はそれらの豊かな協力によってこそ、何時の日にか実現するであろう。

〈注〉

(1) 「朝日新聞」二〇一七年五月五日。

(2) 下斗米伸夫『ソビエト連邦史』講談社新書、二〇一七年。村岡到の書評は、「図書新聞」五月六日号、「ロシア革命論・ソ連邦論に新地平」(村岡到編『ロシア革命の再審と社会主義』ロゴス、に収録)として発表した。

(3) 村岡到「宗教と社会主義——ロシア革命での経験」。村岡到『悔いなき生き方は可能だ』ロゴス、二〇〇七年(本書に収録)。

(4) 広岡正久著『ソヴィエト政治と宗教』未来社、一九八八年、二三頁より重引。

(5) 梅本克己「唯物論と人間」『梅本克己著作集』第一巻、三一書房、一九七七年、三三頁。

(6) グスタフ・ラートブルフ『社会主義の文化理論』みすず書房、一九五三年、一三二頁。

(7) 村岡到『社会主義はなぜ大切か』社会評論社、二〇〇五年、九三頁。

(8) 村岡到編著『歴史の教訓と社会主義——ソ連邦崩壊20年シンポジウムから』ロゴス、二〇一二年、二一〇頁。

(9) 村岡到『親鸞・ウェーバー・社会主義』ロゴス、二〇一二年、六一頁。

(10) 同前、四一頁。三三頁＝五木寛之『他力』講談社、一九九八年、二二四頁、二七五頁から。

(11) 『日本共産党と宗教問題』新日本文庫、一九七九年、四六頁。

(12) 蔵原惟人編『宗教と共産主義についての対話』新日本出版社、一九七六年、一〇頁。

(13) 『池田大作・宮本顕治　人生対談』毎日新聞社、一九七五年、一四頁。
(14) 日隈威徳「解説」『蔵原惟人評論集』第一〇巻、新日本出版社、一九七九年、四四九頁、四五〇頁。
(15) 日隈威徳『宗教とは何か』本の泉社、二六八頁、二五九頁。
(16) 蔵原惟人『宗教　その起源と役割』新日本出版社、一九七八年、八三頁、九二頁、一一五頁、一二〇頁。
(17) 蔵原惟人編『宗教と共産主義についての対話』一一～一二頁、一三頁。
(18) 蔵原惟人『宗教　その起源と役割』七一頁。
(19) 蔵原惟人編『宗教と共産主義についての対話』九五頁。
(20) 不破哲三「報告」『日本共産党と宗教問題』一〇一頁。
(21) 日隈威徳『宗教とは何か』一七頁。
(22) 蔵原惟人『宗教　その起源と役割』七八頁、七七頁、八四頁、一五七頁、八三頁、八四頁。
(23) 蔵原惟人『マルクス・レーニン主義の文化論』新日本出版社、一九七八年、一九六六年、一三二頁～。
(24) 村岡到『社会主義はなぜ大切か』九一頁。
(25) 村岡到編著『歴史の教訓と社会主義』二一〇頁。
(26) 『池田大作・宮本顕治　人生対談』一三五頁、四〇頁。
(27) 村岡到『親鸞・ウェーバー・社会主義』五八頁。
(28) 村岡到「戦前における宗教者の闘い」『親鸞・ウェーバー・社会主義』五三頁。

〈追記〉ローマ「法王」は二重に誤訳であり〈教皇〉が正しいと、佐藤優氏が指摘していた（『佐藤優の「公明党」論』（第三文明社、二〇一七年、四二頁）。本書の他の論文も書き改めた。

「私から先に撃って」と叫ぶアーミッシュの少女

二〇〇六年一〇月二日、アメリカ・ペンシルベニア州ランカスター郡の、アーミッシュが住む町で、小学校に銃をもった男が侵入し、少女一〇人を撃って、自殺した。少女五人が死亡した。この時、「私から先に撃って」と、一三歳の少女は叫んだ。「その次は私を」とその妹が続いた。

銃を手にした暴漢に向かって、なぜ少女はこう叫ぶことができたのか。その親たちは、深い悲しみの喪中に、事件当日の夜、容疑者の家族を訪ねて許しを表明して手を差し伸べた。遺族の一部は、容疑者の家族を子どもの葬儀に招いたという。

暴力が日常となっているアメリカ社会に、悲嘆に沈みながらも加えられた理不尽な暴力をも包み込む人たちが生きている。アーミッシュの信仰が生み出した力である。

アーミッシュは、ペンシルベニア州やオハイオ州に一〇数万人が居住するドイツ系住民でキリスト教のなかの再洗礼派に属しているメノナイト派（メノー派、メノナイト）である。アーミッシュは、現代の技術による機器を生活に導入することを拒み、電気を使用せず、電話など通信機器は家庭内にはなく、近代以前と同様の生活様式を営んでいる。ハリソン・フォードの映画「目撃者」（一九八五年）で垣間見ることができる。

近代以前に戻れ、と言うことはできないし、一面的に性善説を採るわけにもいかないが、宗教的信念はこのような人間を創り出すことができることを知ることは大切であり、この惨劇を通して人間の可変性がいかに幅広いかを教えてくれる。

愛と社会主義
――マルクスとフロムを超えて

1　〈愛〉の大切さ

マルクスやマルクス主義では〈愛〉はどのように考えられ、その理論体系のなかに位置づけられているのだろうか。マルクスが「階級闘争」を強調したことは、賛否は別として大抵の人が知っているだろうが、マルクス〈主義〉と〈愛〉はどうも親和的ではない。試みに『マルクス・カテゴリー事典』（青木書店、一九九八年）を引いても一三八項目もあるのに「愛」という項目はない。

だが、もし彼〜彼女がエーリッヒ・フロム（一九〇〇年〜一九八〇年）の読者だとしたら、こんな言葉を思い出すことができるかもしれない。

「人間を人間とみなし、世界にたいする人間の関係を人間的な関係とみなせば、愛は愛とだけ、信頼は信頼とだけしか交換できない。……もし人を愛してもその人の心に愛が生まれなかったとしたら、……愛する者としての生の表出〔生命発現――岩波文庫〕によっても、愛される人間になれなかったとしたら、その愛は無力であり不幸である」[1]。

これは誰がどこで書いた文章であろうか。

フロムはいくつかの著作でこの言葉を引用しているが、晩年にハンス・ユルゲン・シュルツとの対話では、「あなた方がこれらの著作を読まれても、……すぐれたマルクス専門家でなかったら、だれが著者なのかほとんどおわかりにならないでしょう。……一方ではスターリン主義者たちが、他方では大方の社会主義者たちも、マルクス像をあまりに変質させてしまったからです」（『人生と愛』一六八頁）と語っている。マルクス像の正解が何かについてはここでのテーマではないから、「スターリン主義者たち」や「大方の社会主義者たち」がマルクス像を正しく理解していたかどうかは取りあえずはどうでもよいが、彼らがマルクスのこの文章に着目しなかったことは事実である。他方、禅の大家・鈴木大拙は、フロムとの会話で、恐らく上記の文章について、それは「もちろん禅です」と答えたという（一七一頁）。

設問には半分は答えをすでに出したが、前記の文章は、マルクスが『経済学・哲学草稿』で書いたものである。「第三草稿」の「〔4〕貨幣」の末尾においてである。フロムは、一九五六年に著わした、世界的ロングセラー、そのタイトルも明確な Art of Love ——訳題『愛するということ』でも、このマルクスの文章を引用している。

私は普通の人に比べればマルクス主義の文献をよく読んでいると言ってよいだろうが、マルクス研究者ではない。そのゆえかもしれないが、私はマルクスのこの文章を引用した著作に出会ったことはない。フロムはエルンスト・ブロッホはこのマルクスを理解していると指摘している（一七一頁）が、ほかにはいないようだから、フロムは例外的とみてよいだろう。

私は最初は労働者の活動家だったのだが、一九七〇年代末から何かを書く位置につくことになった。それ以後、それなりに社会主義について書きつづけているが、「愛」という言葉を書いたことはほとんど記憶にない。今年〔二〇〇三年〕一一月に『不破哲三との対話』（社会評論社）を著わしたさいに、その「あとがき」で還暦でもあったので「父母の愛情」に触れたが、この時もまだ〈愛〉を真正面から考えていたわけではない。というよりは、愛について言及することはなにか気恥ずかしいことのように思っていた。だから、二年前に「愛」について真面目に書いた村瀬大観の文章（『共産主義運動年誌』第二号、二六〇頁以下）を読んだ時にも軽い反発を感じたくらいである。その少し前から、私は、社会主義者で優れた法学者のグスタフ・ラートブルフに学んで、キリスト教の「隣人愛」と対比させた「連帯」をキーワードにして〈連帯社会主義〉なる言葉を使うようになったのであるが、そのさいも「愛」ではなく〈連帯〉と考えていた(2)。

しかし、改めて考えれば、〈連帯〉の根底には〈愛〉があることは自明である。だから、「愛」ではなく〈連帯〉と考えるのではなく、「社会的な愛」としての〈連帯〉を追求しなければならない。

まずは、〈愛〉の大切さを強調するフロムから学ぶことにしよう。フロムは『愛するということ』で「愛の原理」について次のように説いている。

「愛の能動的要素」は「配慮、責任、尊敬、知である」（四八頁）。

「愛とは、愛する者〔相手〕の生命と成長を積極的に気にかけることである。この積極的な配慮のないところに愛はない」(四九頁)。

「誰かを愛するとき、私はその人と一体感を味わうが、あくまでありのままのその人と一体化するのであって、その人を私の自由になるような一個の対象にするわけではない」(五一頁)。

「愛するということは、なんの保証もないのに行動を起こすことであり、こちらが愛せばきっと相手の心にも愛が生まれるだろうという希望に、全面的に自分をゆだねることである。愛とは信念の行為であり、わずかな信念しかもっていない人は、わずかしか愛することができない」(一九〇頁)。

人間は多様性に満ちているから、愛が生活で占める位置もその内実もさまざまであるが、これらの説明は熟読玩味すべきであり、おおむね同意できる。

なお、フロムはここでは、「資本主義を支えている原理と、愛の原理とは両立しえない」ことをはっきりと明言している。フロムが優れているのは、この認識から資本制社会における愛の可能性を全面的に否定するのではなく、資本制社会においても愛の追求が可能であると主張している点にある。この点については、4節で検討する。

ただ〈愛〉が大切だと強調するだけならば、このように説いているフロムをさらに読めばよい。だが、〈愛〉の大切さを認識することは、社会主義を主張し、マルクス主義を信奉してきた人間にとって何を新しく認識することにつながっているのであろうか、そのことこそが、本稿執筆の動機である。

従来のマルクス主義の理解を根本的に超えて進むことを促すことになるのではないか、と予感できるからである。

2 〈愛〉は「交換」できるのか

フロムが説いた「愛の原理」を理解したうえで、もう一度、冒頭のマルクスの文章を読み返してみよう。

マルクスが「貨幣」の項目で、シェークスピアを引用して「貨幣」の魔力[3]を批判しながら、〈愛〉の大切さをこの項の結論部分で記述していたことは、大いに評価できるし、しなければならない。あえて言えばフロム以外にはそのことに光を当てることができなかったことは、まことに悲しむべきことであり、逆に言えばそれだけフロムは優れていた。

そのことをはっきりと確認したうえで、マルクスが「愛は愛とだけしか交換できない」と書いている点について、なお不十分であったと、私は考える。この一句の文意は、①愛とだけしか、と②交換にある。貨幣などでは手に入れることはできないという①については、文句なく正しい。問題は②交換にある。「交換」とは、あるものと別のものとを引換えることであるが、引換えられる二物はすでに現存しているか、確実に現存するものになると前提されている。だが、〈愛〉は、マルクス自身がうまく実現しない場合を「無力であり不幸である」とつづけて明らかにしているように、仮に「交換」

しようとしても期待した愛を受け取ることができない場合も少なくない。だから失恋や悲恋が数多く起き、文学などのテーマになっている。つまり、商品などの交換と〈愛の「交換」〉とは全く異質なのである。このことに十分な注意を払うことができれば、むしろ〈愛〉は交換できるものではないことをこそはっきりさせるべきだと気づいたであろう。

この文章の後段についても一概に「無力であり不幸である」と断じるべきではないであろう。愛する相手が死んでしまえば、愛は「返って」こないが、愛や幸せが消失してしまうわけではない。追憶の愛に生きる美しさを否定する必要はない。「交換」と考えるから、「無力であり不幸である」と断定することになるにすぎない。

フロムの死後一九八三年に出版された『人生と愛』の訳文では、明確な説明がほどこされているわけではないが、この部分が「愛を引き出しうるのは愛のみである」(一九頁)と訳されている。原語austauschen にそういう含意があるのか、マルクスがそういう意味で書いたのかは、私には分からないが、〈愛〉についての説明としてはこの佐野哲郎・佐野五郎の表現のほうがはるかに適切である(冒頭の引用の後段についてもこの訳のほうがはるかに分かりやすい)。すでにフロムを引いたように、「愛するということは、なんの保証もないのに行動を起こすこと」だからである。

このフロムの説明を重んじるなら、この著作の初めのほうで、フロムがマルクスの先の文章を「みごと〔な〕表現」(四七頁)とほめた点については再考する必要がある。フロムは、自分の説明とマルクスのいう「交換」とは整合的ではないと気づくべきだった。さらに、なぜマルクスは〈愛〉について周到に考察しなかったのかについても考えるべきであった。

3 〈愛ある労働〉

もう一つ、このことに関連して、「疎外された労働」についてここで考えてみよう。周知のように、「疎外された労働」は『経済学・哲学草稿』の第一草稿の〔4〕で説かれている。その意味でも「疎外された労働」についてここで考えることは必要でもあり妥当でもある。

「疎外」概念は初期マルクスに特有のもので、成熟したマルクスは「疎外」概念を投げ捨てて「物象化」用語に変えたという議論（広松渉など）もあるが、エルネスト・マンデルや岩渕慶一、田上孝一が強調しているように、この理解は誤解にすぎない。だが、考えなくてはいけない問題はその先にあるのではないであろうか。

「疎外された労働」の対概念は何なのであろうか、という問題である。「疎外されていない労働」（フロム『よりよく生きるということ』二一六頁）とか「疎外されざる」と書かれることもあるようであるが、これは否定形である。「殺生」の語が示しているように、「殺す」の対概念は「生きる」である。「殺さない」は殺すの否定形である。「されざる」という否定形の表現ではなくて、肯定形で積極的に能動的に表現するとどうなるのか。この問いは、哲学分野においてだけ問題となるものではない。というよりは、「哲学者」には答えられなくても、革命を経験した優れた革命家なら答えることができる。

いや、答えることができた人間が優れた革命家と呼ばれるに値する。

このことは、一九六〇年代にキューバで問題になっていたのである。英雄エルネスト・チェ・ゲバラは、一九六二年一〇月、キューバ危機が起きた時期に「若い共産主義者の任務」と題する、青年むけの演説でつぎのように呼びかけたことがあった。

「この教育法では、労働は、資本主義世界における強制的性格を喪失し、快い社会的義務となり、喜びをもっておこなわれ、最も兄弟的な同志愛のなかで、すべての人を元気づけ、高める人間的ふれあいのなかで、革命の歌に包まれておこなわれるのだ」。

この気高い呼びかけを一言で表現するとどうなるのか。〈愛ある労働〉となるに違いない。

私は、このゲバラの呼びかけを二〇年前に論文「キューバ革命の歴史的位置」で取り上げたことがあった。その時の問題意識は、〈労働の動機〉問題であったために、「革命の歌に包まれて[4]」といういささかロマンチックな表現だけは鮮明に記憶したが、この文章に「同志愛」という言葉が使われていたことは忘れていた。今度、自分の論文を読み返して、改めてゲバラの叡知に感じ入った。私の健忘症などどうでもよいのだが、〈愛ある労働〉がなぜもっと広範に拡がらなかったのであろうか。カストロに現実の課題を託して、ゲバラは夢を追いかけてキューバの現場を離れたからだろうか。ボリビアで無念の死を遂げた英雄を思い出す若者は日本では少なくなってしまった。だが、彼の気高い呼びかけは、蘇るに値する内実を宿している。他方、スターリンが指令した「スタハノフ労働」は、一時的とはいえ、英雄的労働として賛美されたが、いまではその内実にふさわしく忌まわしい出来事として歴史の闇に捨て去られている。

そうだ。〈愛ある労働〉こそが「疎外された労働」の対極なのである。だが、言葉だけ発してもその内実と外延的広がりを深めることがなければ、言葉は風化してしまう。では〈愛ある労働〉とは何なのか。「愛する」の意味についてはすでにフロムに学んで明らかにしてきた。〈労働を〉愛するとは、抽象的に言えば、労働そのもの、労働対象、労働手段、そして労働の結果について愛ある態度で接するということである。〈自然との調和〉を達成することである。別言すれば、〈労働者自主管理〉をめざすことでもある。不良品や社会的に害毒をなす生産物を作らないこともその内実の一つである。

そもそもなぜマルクスは「疎外された労働」の対概念を明示しなかったのであろうか。私は、その理由は二つあると考える。一つは、マルクスは「疎外された」現実——もっと正確に言えば、その〈側面〉を批判することに重点をおいていたからである。その側面を批判することのみと言ったのでは言い過ぎであろうが、批判に急であったことは明らかである。人間の認識は多くの場合、従来の常識を批判することによって深化する。「疎外された」現実を「疎外された」現実として明確に認識することがなお常識になってはいない時には、現実を「疎外された」ものと認識することは簡単ではなく、先駆的であり、そこまで明らかにすることに重点が置かれるのは仕方がない。つまり、マルクスはアンチ・テーゼの提起に止まっていたと言える。

もう一つの理由は、マルクスは「愛」をキリスト教の「愛」への反発によって敬遠していたのではないであろうか。マルクスは、「愛」ではなく、「科学」を強調した。よく知られているように、マルクスは、一番好きな言葉は何かと娘に質問されたときに、「全てを疑うこと」と答えた。これは科学の出発点であっても、愛の端緒ではありえない。だから、フロムの好意的な理解とは逆に、マルクスは愛について詳しく説いたことはない。マルクスには「愛」をタイトルに入れた著作も論文もひとつもない。もし、マルクスがフロムのように〈愛〉について十分に考え、論述し、強調していたならば、フロムが嘆くような、マルクスについての「誤解」は生じなかったであろうし、流布されることはなったであろう。マルクス主義と愛とが切り離されたのは、スターリン主義者などの「変質」に起因するだけでなく、マルクスその人に相当の責任があったのである。

4 資本制社会では〈愛〉は例外か

先に検討すると残しておいた問題を取り上げることにしよう。

フロムは『愛するということ』で、「資本主義を支えている原理と、愛の原理とは両立しえない」と明確にし、しかも資本制社会においても愛の追求が可能であると主張していた。問題は、その可能根拠をどこに見出しているのかに関わる。

フロムは、「資本主義の原理が愛の原理と両立しないことは確かだとしても、『資本主義』それ自体が複雑で、その構造はたえず変化しており、いまなお非同調や個人の自由裁量をかなり許容していることも、認めなくてはならない」（一九五頁）と考える。そして「現在のようなシステムのもとでは、人を愛することのできる人は、当然、例外的な存在である」（一九六頁）という。別言すれば、資本制社会自体は悪なのであるが、複雑だからどこか隙間の部分で愛はかろうじて可能である。確かに、このように見ることによって、愛の可能性が根拠づけられるのなら、幸せな恋人の立場からはそれでもよいのかもしれない。だが、資本制社会を正確に認識しようとする科学者の立場からは、それで満足するわけにはいかないはずである。

そもそもフロムのいう「資本主義を支えている原理」とは何か。フロムは、「資本主義社会は、一方では政治的自由の原理〔A〕に、他方ではあらゆる経済的関係をすべて調整するものとしての市場原理〔B〕にもとづいている」（一二八頁）と説明する。

細かなことにこだわると受け取られると心外なのであるが、一般には何かについての原理は一つであろう。恐らくそのために、〔A〕〔B〕の主語は、「資本主義を支えている原理」ではなく、「資本主義社会」となっているのであろう。つまり、フロムは「資本主義社会」を政治と経済の二つの分野・側面に分けて、そのそれぞれに原理があると説明している。[5] そのそれぞれの原理をいかなるものと規定するかは、まだ問題にしなくてもよいが、ともかく二つの原理があることが確認できればよい。そうなると、正確には「資本主義を支えている原理」ではなくて、「資本主義を支えている二つの原理」と言わなくてはいけない。原文が単数なのか複数なのかは分からないが、「諸原理」と訳されていないから恐らく単数なのであろう。なぜ、こんなことにこだわるかと言うと、二つの原理がともに同じ作用・本質をもっているのであれば、一括して「愛の原理と両立しない」と理解してもよい（逆に「両立する」としてもよい）が、もし、異なる作用・本質をもっているとすると、そう簡単には言えなくなるからである。父母がともに太っている人なら、あの子どもの（両）親はこの狭い座席には座れません、と言えるが、母がスマートなら彼女は狭い座席にも座れる。

そこで、二つの原理を個別に検討する必要がある。まず「市場原理」のほうから取り上げよう。資本制経済の本質あるいは原理をいかに捉えるかも難問の一つであり、マルクスが『資本論』で苦しんだのもその解明のためであった。賃労働と資本との対立を軸とする、利潤を動機とする生産とでも表現できるであろうが、「市場原理」でもかまわない。そしてそれが「愛の原理とは両立しえない」と考えるのは正しい。そうは言えないという人もいるだろうが、私はこの点ではフロムに同意できるので、ここではこの点は争わないことにする。

問題はもう一つの「政治的自由の原理」である。この表現よりも〈民主政〉（民主主義）がよいであろうが、「法の前での万人の平等な権理」をさらに深い原理とする〈民主政〉は、それ以前の身分制的な差別と抑圧を突破した点に本質的な意義があり、問題となっている〈愛〉の実現にとっては大きくプラスに作用する。けっして「両立しない」のではない。身分制的な差別による悲恋物語は尽きないが、資本制社会ではその壁は原理的には突破されたのである。

このように考えると、「資本主義を支えている原理と、愛の原理とは両立しえない」は半分しか正しくないことがはっきりする。さらに、このことは、資本制社会における愛の可能根拠をどこに見つけるかにかかわってくる。フロムは先の引用のように、「資本主義の複雑」さに見出していた。だから「例外的」ということになっていた。今や、この認識の正否が問われることになる。

社会を政治と経済とに分けて分析することは、リンゴを二つに割るように等分することとは違うから、数量的に確言することはできないが、政治において民主政を原理としたということは、資本制社会は、愛の可能性をかなりの程度に含むものとして成立していると認識したほうがよい。そこに歴史の前進がある。単に「複雑」なので「許容している」とか、「例外的な存在」というのではない（訳文では「許容」に「かなり」と形容句がついているが、「例外的」と整合的ではない）。

近代以前の社会では、身分違いの恋は稀有であり、古くは「七夕物語」――中国では天帝の娘と地上の牛飼いの若者との恋――や室町時代の『御伽草子』などで描かれているように悲劇を結果することが圧倒的であったが、今日ではなお部落差別による結婚の破談・悲劇が絶無ではないが、大幅に減少したことは明らかである。資本制社会では、愛はフロムが考えるのとは逆に、特別に努力する人間だけがごくまれに実感できるものではなく、市井の普通の人がその生活のなかで、広範に愛を創造することができるし、育んでいるのである。経済システムにおける不平等が温存され、生存権が確立していないがゆえに、今日の日本では年間三万人もが自殺しており、失業者も三〇〇万人を越えており、それらに起因する愛の障害がなお大きいことを、私は無視しているわけではないが、それでも日本に住む人の多くは、愛ある生活を営み、あるいは目指しているのではないであろうか。けっしてフロムの言うように「例外的」とは言えない。そこにも資本制社会の柔軟性と強さが示されているのである。

私は倉本聰のテレビドラマ「北の国から」にいつも深く感動するが、この優れたドラマは、愛が今日の日本で困難であるとともに、多くの人たちが愛を求め、愛を実現していることを教えているのではないであろうか。本稿執筆の途中でも「北の国から」を再放送していたが、フロムの説く愛の世界を想起した人は私だけではないであろう。広範に愛が実現しているがゆえに、多くの人びとが現状に不満はいだきながらも、この社会に順応している。それらの愛や幸せをまやかしだとか、だまされたもの、一時的なものにすぎないと断罪することは誤りである。さらに充実したものに、あるいはさらに拡げるためにはどうしたらよいかを考えるべきなのである。宗教者ではない私たちは、もとより愛の視点からだけ社会を捉えることで満足することはできないが、愛の問題に背を向けてきたマルクス主義や左翼の衰退を直視することができるなら、本稿での反省にも大いに意味を見出すことができるであろう。

これまで、マルクス主義陣営では、愛の問題は文学などに任せてきた。一九二九年に「『敗北』の文学」で総合雑誌『改造』に登場した宮本顕治――二〇歳だった――は、「過去も現在も、プロレタリア階級にとって、恋愛や結婚の問題は、文学、芸術の中心的主題の一つたりうるものである」と、『宮本顕治文芸論選集』の「第1巻あとがき」で書いている。(6) このことをはっきりさせている点でも宮本は優れているが、彼が長く党首を務めていた日本共産党の綱領では「愛」は語られない。

ついでながら、この宮本が戦前には好意的に言及したこともあるトロツキーは、文学についても異色にも深い理解を示していた。トロツキーは『文学と革命』で鋭い評論を残している。トロツキーは「芸術は感情を洗練し、柔軟にし、感受性を豊かにしながら、思想の幅を拡げ、そして個人を超えた集団の蓄積した経験を通して個人、社会集団、階級そして民族の文化的基礎に豊かな滋養を与える(7)」と説いている。「労働者がシェイクスピア、ゲーテ、プーシキンあるいはドストエフスキーから摂取するものは、人間の個性、情熱、感情の複雑な表現であり、潜在意識の心理的な力と役割の深い理解である」。

5 梅本克己の主体性論

すでに言及したように、少年時代から旧約聖書の世界に浸っていたフロムは、早くから仏教にも興味を拡げ、晩年には禅の鈴木大拙とも交流した。その宗教への傾斜については後述するが、宗教的なものと言えば、私たちはここで、「マルクシズムと宗教的なもの」というサブタイトルが付けられていた、梅本克己の「唯物論と人間」を想起することができる。

戦後主体性論争の問題提起者・梅本は、一九四七年に発表した「唯物論と人間」の冒頭で河上肇の自叙伝から「絶対的無我という一つの宗教的真理と、マルクス主義という一つの科学的真理とは、私の心の中に牢固として抜くべからざる弁証法的統一を形成しつつ」を引きながら問題提起していた（著作集第一巻、三三頁）。

私は、確か梅本がどこかで河上肇を取り上げていたと記憶していて、この論文をすぐに見つけ出すことができたのであるが、この論文の後段に「愛と闘争との弁証法的統一」（四九頁）と書かれていた！　最後にも「約言すれば、愛とか無我とかいうものは……」（五一頁）と書いてある。だが、私は、そこに「愛と闘争との弁証法的統一」と書いてあったことは失念どころか、『唯物論と主体性』は何度も読んでいるのに傍線も引いていなかった（三六頁）。

後年、梅本克己著作集が編まれ、「主体性論」は二巻が当てられ、陸井四郎と田辺典信がそれぞれ「解説」を書いているが、そのいずれにも「愛」は一言も出てこない。つまり、私だけがうかつだったということではなく、〈愛〉を真正面から位置づけて論じることが忌避されていたのである。梅本自身もその後の著作で「愛と闘争との弁証法的統一」をさらにこの表現によって追求することはなかった。ここでも、重ねてマルクス（主義）と愛とは親和的ではなく、隔絶していたことが確認できる。

ここでこの論文を取り上げたのは、もう一つの意味からである。そこには本稿のテーマにとっても重要な意味をもつ論点が伏在していたからである。やや長くなるが、梅本主体性論の核心をなす問題提起をその原型のまま紹介しよう。

「人間解放の物質的条件を洞察する科学的真理と、そこに解放される人間の実存的支柱とは、解放の過程にあってもたえず触れ合っているものでなければならない。またそうでなければ解放の客体的条件もその条件としての権利を主張するわけにはゆかない。多くの場合すぐれた指導者にあっては、この触れ合い、統一は確保されてきた。理論の上では『省略』され、はげしい実践の過程にあってはもっとも重要な位置を占めたもの——報いられることを期待せぬ解放への献身とか、利己心を絶対に去るとかいわれたものがそれである。けれどもその統一が自覚的に反省され、自己の足場とする理論のうちに正当な場所を与えられるということは閑却されてきたようである。時にはそのような問題をとりあげることは非マルクス的であるかのような印象を与えもした。そのため必要以上に不自然な姿態をとることを余儀なくされる場合は現在とても跡をたったとはいえないのである」。

周知のように梅本は「この空隙」を埋めることを終生の課題としたのであった。

文中の「科学的真理」とか「実存的支柱」などの言葉はそれだけで反発を招くに十分だろうから、好みの言葉――相対的確かさや生き甲斐――に変えてもよいが、根源的に問われている問題の所在だけは明確であろう。その問題が「非マルクス的であるか」か否かもどうでもよい。「マルクス的である」ことが無前提的に正しいわけではないし、そんなことよりも「人間解放」のほうがはるかに大切で重要だからである。先に私たちは、マルクスの「交換」にこだわったが、ここでも私は一つだけ問題にしたいことがある。文中の「統一」がそれである。

この文章で梅本は初めは「触れ合っている」と書き出し、次に「触れ合い、統一」と書き加え、最後に「統一」とだけ書いている。そして、「統一」からはすぐに「弁証法的統一」が連想・導出されることになる。だが、私は「統一」と置き換えたことが誤解の始まりだと考える。「触れ合い」を確保するだけでよいのである。

「触れ合い」から「触合」などという造語をしなくても、〈調和〉というもっと適切な言葉がすでにある。「統一」と〈調和〉はどこが異なるのか。複数のあるものが個別にはそのままの姿を保持しながらバランスよく在る状態を〈調和〉とし、個別の姿を変容させ一つのものになる状態を「統一」と、区別することができるであろう。喩えはいつも或る側面を示すだけであるが、部屋の中の家具は、調和していると言うが、統一しているとは言わない。緑と赤を混ぜると茶色になるように、一つのものになるという含意が強い「統一」よりは、他者の現存の保持を意味しやすい〈調和〉のほうが理解の幅が拡がるのではないであろうか。他方を吸収・吸引したりするのではなく、それぞれの大切さを尊重し、相互に認め合うことこそが必要なのである。何も「弁証法的に統一」されることはない。無理に「統一」とまで考えようとするから、解答に辿り着かなくなる。後に梅本自身が、「問題の所在は、今日もなお執拗に解答をせまっている」(『人間論』二二〇頁)と確認している。[8] 同じ次元に存在するものなら「統一」は可能な場合もあるが、異なる次元の二物を「統一」することはできない。だから、梅本が引用した河上の「宗教的真理と科学的真理と〔の〕弁証法的統一」にしても、その内実をそれ以上に説明することはできない。両者が触れ合い、あるいは〈調和〉していると言えば済むのである。ここでのテーマで言えば、〈愛〉を捨象・切り捨て・追放しないことが大切なのである。

人間は、ある言葉にそれが伝統的に通常に理解されている核を保持しながら新しい意味を込めることによって、新しい理解の輪を拡げてゆくことが多い。ここでも、このように使い分けることによって、新しく見えてくるものがあるのではないかと、私は考えているということである。回り道はここで止めて、フロムにもどろう。

6　〈愛〉と社会主義との調和

最後にフロムの歩みについてごく簡単に、私たちの問題意識に引きつけて概観しておこう。結論をはっきりさせるステップとしても役立つと考えられるからである。

前記のように、フロムは一九五六年の『愛するということ』では明確に「社会の変革」も志向・主張していた。

さらに一九六八年の『希望の革命』では「産業社会を人間化すること」(一四七頁)が提起されていた。「訳者あとがき」でも「人間と社会の両面にわたるところの、そして相互に関連するところの変革が求められている」(二三四頁)と確認されている。フロムは「何人かの経済学者が解決法の一つとして〈年間保障収入〉を提案している」とまで書いていた(一八九頁以下)。ついでながら、このことを私は、私の〈生活カード制〉の提案にさいして参照文献の一つとしてあげたことがある(『協議型社会主義の模索』社会評論社、七七頁)。

さらに、一九七六年に著わした『生きるということ』では、「第9章　新しい社会の特色」で「経済体制におけるラディカルな変革が必要である」(二三五頁)と明確にし、「参加民主主義」や「十分な情報」にも触れ、「年間保障収入」や「生きるための無条件の権理」(二五一頁)も主張した。

ところが、フロムの死後一九八三年に編集された『人生と愛』では「退屈を拒み」などする「深層体験」だけをただ「一つの条件」として強調することになってしまった(六四頁)。これでは個人の内面的な生き方の問題だけに収斂されることになる。シュルツとの対話では、マルクス主義では「経済的・社会的動機のみ」に偏しており、正しくは「二つの要因——経済的熱情とくに人間的な熱情の双方の——を熟知しなければなりません」（二一〇頁）とも語っているが、この著作——一九七〇年代にドイツで放送した講演集——の全体的トーンは明らかに、一方＝後者にのみ偏している。

さらに、一九九二年にライナー・フンクが「『生きるということ』から割愛されたまま眠っていた幻の原稿を編んだ」（二五六頁）『よりよく生きるということ』では、この傾向はさらに強められてしまった。訳者の堀江宗正は「訳者あとがき」で、「『生きるということ』の末尾では社会経済的な構造の変革についての提案がなされている。それに対して、本書では個々人の心の変革を促すことに重点が置かれている」（二六〇頁）と説明しているが、この理解は正確ではない。重点が移動したのではなく、「社会経済的な構造の変革についての提案」がまったく抜け落ちてしまったのである。訳者は、「『生きるということ』で示された重要なアイディアは、本書においてほとんど提示されている」（二六一頁）と書いているが、例えば前記の「年間保障収入」や「生きるための無条件の権理」——一言でいえば〈生存権〉だ——は一言も出てこなくなった。それらは「重要なアイディア」ではないというのか。なお、フロムが「Besitz と Eigentum」（二一六頁）つまり「占有と所有」と区別しているのに、訳者は前者には訳語を示さず、〈占有〉と書かないことも不思議なことである。フロムは「所有から存在へ」と対比しているが、私は〈所有から占有へ〉が歴史の趨勢だと考えている。

このようにフロムは初めは「人間と社会との両方の変革」を説いていたにもかかわらず、後年にいたって後者を切り捨て、「人間の内面の変革」だけを強調するようになってしまった。きわめて残念な逸脱というほかない。こういうことになるから、愛を切り捨てた（教条的）マルクス主義者は、ほら見たことか、愛なんかを取り上げるとあそこまで堕落することになると、反発し、自らの一面性に安住することになる。マルクスにしても、「社会の変革」を忘れたフロムを読んだら「変質」するなと注意するであろう。だが、愛を真正面から取り上げたことが誤りなのではなく、その一面に傾斜・偏重したことが誤りなのである。私たちはここで、フィヒテの言葉――「誤った命題は、普通、同じように誤った反対命題によって押しのけられる。後になってはじめて、人はその中間に存するところの真理を発見する」（尾高朝雄『国家構造論』岩波書店、一九三二年、扉から重引）を思い出す。

私たちは、愛についても、社会の変革――社会主義についても、他方を弱めたり、無視することなく、それらの両方を合わせて追求することができるし、しなければならない。さらに言えば、愛の追求こそが、社会主義志向の根底に据えられなければならない。その意味では「愛情社会主義」と造語してもよい（私が造語するまでもなく、ゾンバルトによると一九世紀にも「愛情社会主義」もあった。彼が『ドイツ社会主義』（三省堂、一九三六年）で「キリスト教社会主義」など「××社会主義」を一八七も数え上げて列記しているなかの一つであり、説明があるわけではないからどういうものかは分からない）。

このように愛と社会主義とを〈調和〉――前節でその意味を明確にした――して考え、行動することができれば、例えば、前記の「北の国から」に感動する多くの人たちと社会主義とを結びつけることは容易になるであろう。倉本は、主人公の黒板五郎に最終篇「二〇〇二年　遺言」のラストシーンで「謙虚に慎ましく生きること、それがお前らへの遺言だ」と語らせている。五郎はまた「他人に喜ばれることは、金では買えない」と説き、息子の純と結婚する結の義父でトド打ちの漁師吾平は「金が入るだけが仕事ではないんだ」と叫ぶ。私は、社会主義経済＝協議経済においては、労働の動機は、金銭の獲得ではなく、誇りをめぐる競争＝誇競になると提起しているが、それは、人間性が一変する無限の彼岸で初めて実現するのではなく、疎外された労働を経済の基礎とするこの此岸においても部分的・萌芽的にすでに実現し既知のものとなっている。このように、現実に根拠を有する夢こそが、あるべきオルタナティブなのであり、その充全な実現にむけて歩むことが、重ねるに値する人間的努力なのである。

〈付〉 行ないと知恵——タルムードの世界に学ぶ

「行ないよりも知恵が優れる人間は、何にたとえられるであろうか？　枝はたくさんあるが、根がはっていない木にたとえられる。そういう木は、風が吹くと簡単に根こそぎにされて倒されてしまう。では、行ないが知恵に優れる人間は、何にたとえられるであろうか？　枝は少ないが、根がたくさんはっている木にたとえられる。そういう木は、どんなに強い風が吹いてもびくともしないのだ」。

自分をさほど知恵ある人間と思ったこともないが、このように「行ない」について正面から説かれた文章に接すると、恥じないわけにはいかない。恥ずかしさを抑えないととても書けたものではないが、すでに還暦を越える人生を生きていながら、私は自分の「行ない」について正面から向き合ったこともないし、書いたこともなかった。

冒頭に引用した文章は、モリス・アドラー著・河合一充訳『タルムードの世界』（ミルトス）に記されていた。タルムードとはユダヤ民族の知的・社会的・宗教的活動の記録の集大成で、彼らの生活の戒律でもある。日頃は社会主義にしか関心を示さない私が急にタルムードなどと言い出すと、いよいよ村岡到は宗教にいかれはじめたのか、などと思うむきもあるかもしれない。確かに、〈愛〉の大切な意味について理解しはじめ、宗教についても考えなくてはならないと、今年初めに「〈愛〉と連帯社会主義」〔本稿〕に記した。その問題意識と無縁ではないが、この稿では考察をそこまで拡げる用意はまだない。ここでは、冒頭に引用した文章をヒントに少し反省を記すだけにしよう。

「〈愛〉と連帯社会主義」を執筆するきっかけにもなり、今度もまたこの著作を教えくれたのは、前田環さんである。彼女からしばらく前に、ユダヤについて知る必要があると話されていたのであるが、雑事に追われてなかなか読書する機会をつくることができなかった。先日、彼女はこの著作を持参して、「こんないい言葉があるのよ」と示してくれた。私とは違って本にサイドラインを引く習慣がないにもかかわらず、引用と同じ趣旨を話しながらすぐにその頁を開いてくれた。そこにきれいな栞が挟んであったからである。この文章に着目した彼女の生活の資質に素敵なものを感じると同時に、私はしばらくこの文章に釘付けされた。

何とか『タルムードの世界』を読了した。考えさせられることが多かった（その欠かせない一つは現下のイスラエル政府によるパレスチナ民衆に対する残虐な爆撃がタルムードといかなる関係にあるのかという問題である）し、いずれ正面から取り上げたいと思うが、こんなことも書いてあった。「ある有名な〔タルムードの〕教師は、教学院のわきを花嫁の列が通り過ぎるとき、勉強を中断して『勉強よりも、こうやってよろこびを分かち合うほうが大切なのだ』と言ったという」。恐らく冒頭の文章と同じことを意味しているのであろう。

この例を活かしてつづければ、私たち——少なくとも私は「窓の外を見るな、黒板に集中せよ」という形の「教師」（あえて言えば）にすぎなかったのではないであろうか。行ないを顧みることなく、ただ知恵を、それも生半可に追い求めていたのではないであろうか。痛切にそう思えるのである。

もちろん、次のような反発をすぐに思いつかなかったわけではない。行ないを気にすることなく活動してきたからと言って、吹く風に直ちになぎ倒されたわけではない。警察の取り調べでは完全黙秘を貫いて普通の人は縁がない監獄にも入った体験はあるし、それでも信念を曲げたことはない、と。何よりもどう考えても知恵が必要ないわけがないし、いつも花嫁の行列を見ていたのでは、学科を習得することはできない。問題の文章にしても、知恵を否定しているわけではなく、どちらが優れているかと設問している。多くの知恵を習得するものはそれに勝る〈行ない〉が必要だという意味にも取れる。

だから、反省の要点は、余りにも〈行ない〉を軽視してきた点にこそある。〈行ない〉とは何であろうか。日常生活のなかでの振る舞いである。家庭内なら親子への関係であり、地域なら隣人への関係である。

朝の挨拶から、自治会活動の草刈りもあるし、恋愛もあるだろう。それらのさまざまな営為はすべてどうでもいい二次的なことではない。それらもまた、人間としての生活の内実だからである。こんな、誰にもすぐ分かることを、私は長いあいだ等閑に付して生きてきた。そんな私にしても、最初の結婚の結果として生まれた子どもが小学校に通っていた時期に、順番だからと諦めてPTAの役員をやったこともあるし、団地の自治会の役員になることもある。しかし、それほど手を抜くことはないにしても、それらの活動は二次的であって、真剣に担ったわけではない。やらなくて済むものならしないほうがよいと考えていた。それなりに時間と能力を奪われるからである。

私はここで、ある研究会のある発言を思い出す。現下の教育行政の反動化に反対することがテーマになっていたのだが、招かれた報告者が、文科省が近年配布している『こころのノート』を批判するなかで、そこに感謝の気持ちを推奨している箇所があると指摘して、「ありがとう」と言おうという説教を良くないことだと批判した。膨大な著作がありながら、天皇制への言及を避ける司馬遼太郎の言葉が麗々しく第一頁を飾るこの『こころのノート』の全体的あるいは根本的な意図が批判されるべきものだということは容易に同意できるが、私には「ありがとう」を率直に言える人間に成長することには何の問題もないどころか、大いに賛同すべき傾向だと思える。天皇や国家に対して「ありがとう」と言う必要は全くないが、親や家族や近隣の人たちに感謝の念を持って接するのは必要でもあり、大切でもある（ついでながら、この報告者は司馬が巻頭を飾っていることには一言も触れなかった）。

幸いにして私の場合には、いわゆる活動なるものに熱中して、風になぎ倒されることもなく星霜を重ねてくることができている。しかし、時に周りを振り向くと、活動を持続している人が意外に少ないことに気づく。一九六〇年代の高揚期を体験している者なら、あのときの活動家が一〇分の一でも「生き残って」いてくれればという思いに駆られたことが再三ではないであろう。なぜ、多くの青年が活動を継続できなかったのであろうか。それぞれに理由と事情があるに違いない。

活動からの「脱落」についての統計や研究があるわけではないから、乱暴に推論することを許してもらうほかないが、それらの多くの人々が突き当たった壁は、ここで問題にした「行ない」と交わっているのではないであろうか。対比されている「知恵」をさまざまな闘争課題と置き換えても大した飛躍を犯すことにはならないだろうが、それらの課題を自らの課題として自覚して闘争に明け暮れているなかで、ふと、外の世界との接点で「行ない」を顧みる機会を与えられ、あるいは気づいてみると、そこにある種の「断絶」を感じ取る。感じ取るだけの「常識」を備えていると、ある場合には命がけに闘っていた課題と自分の生き様とに微妙な落差・陰を感じることになったのではないであろうか。そして、そういう問題を軽視・無視して「組織が重要である」とだけ説教する運動から離脱したのであろう。

言うまでもなく、私はいわゆる「脱落」や転向の手助けをしようとしているのではないし、それを合理化しようというのでもない。そうではなくて、逆に、〈行ない〉についても充全な配慮を尽くすことによって、知恵や闘争課題の持続的な成長と発展をはかることができるのではないか、と反省した。あらかじめ、知恵や闘争課題と同じように、〈行ない〉が大切であることを理解していたならば、落差や陰や断絶をそれほど感じなくて済んだであろう。自分が感じなくて済んだというだけでなく、彼~彼女の周囲の人びとに感じさせなかったであろう。そうすれば、どこかで知らぬ間に生じていたかもしれない、周りの人が活動から離れてゆく苦い経験も少なくなったであろう。仲間の暖かい歌声が絶えることはなかったかもしれない。「あいつらは脱落したが、俺は歯を食いしばって頑張っている」などという強がりに陥らずに済むはずである。

ラビ——タルムードを率先して実践するユダヤ人である教師——とは違って、凡庸な私の場合には、ここまで気づくのにも四〇年間の活動が必要であったし、さらに〈行ない〉と知恵の双方をバランスよく身につけることはなおいっそうの困難を伴うであろうが、気づいたからには、何とかしてこの光明が差すに違いない道を歩んでゆきたいと希望し、決意したしだいである。

二〇〇四年一一月二二日　臨時講師となった北京外国語大学の宿舎で

〈注〉

(1) マルクス『経済学・哲学草稿』岩波文庫、一八六頁。ここでは『愛するということ』四七頁から。

(2) 村岡到『連帯社会主義への政治理論』五月書房、二〇〇一年、参照。

(3) 貨幣については、村岡到「〈貨幣の存廃〉をめぐる認識の深化」『協議型社会主義の模索』参照。私は「交換」を貨幣を媒介とする「引換え」と狭義に理解し、貨幣ではない引換えカードによる場合を〈引換え〉と区別することを提案している。

(4) 村岡到「キューバ革命の歴史的位置」『社会主義への国際的教訓』稲妻社、一九八九年、一二九頁。

(5) 私は近年、人間の社会を捉える場合、今日では経済、政治、文化を明別し、その各々の側面について十全に認識する必要があると提起した。次の論文を参照してほしい。

- 「『唯物史観』の根本的検討」『連帯社会主義への政治理論』五月書房、二〇〇一年。
- 「『社会』の規定と党主政」（『カオスとロゴス』第二三号＝二〇〇三年六月）。

(6) 宮本顕治『わが文学運動論』新日本出版社、一九八三年、七九頁。

(7) トロツキー『文学と革命』Ⅰ、Ⅱ、現代思潮社。ここでは『革命の想像力――トロツキー芸術論』柘植書房、五頁、二五頁から。なお、前者の直前で、トロツキーは「芸術は、暗い、漠然とした感情を表現するのに必要な言葉のリズムを見出し……」と書いているが、なぜ「暗い」と限定しなくてはならないのか、疑問である。

(8) 私は一九七六年に「梅本主体性論の今日的意義」において、「正解は得られなくてよい」と整理し、「課題の所在を提示することそのものが決定的に重要なのである」と結論した（『日本共産党との対話』稲妻社、一九八二年、一六二頁）が、本稿での理解のほうがよいであろう。また、宗教――人間の悩みを何かの原理によって個人の内面において解決しようとする努力およびその結果――については、改めて真剣に考察する必要がある。

〈参考文献〉

エーリッヒ・フロム『愛するということ』紀伊國屋書店
『希望の革命』紀伊國屋書店
『生きるということ』紀伊國屋書店
『人生と愛』紀伊國屋書店

『よりよく生きるということ』第三文明社
グスタフ・ラートブルフ『社会主義の文化理論』みすず書房
トロツキー『文学と革命』Ⅰ、Ⅱ、現代思潮社
『革命の想像力――トロツキー芸術論』柘植書房

〔『カオスとロゴス』への再録にさいして〕

本稿は、二〇〇四年一月に「稲妻」第三五二号に第五節を省いて掲載した。再録にさいして、一年後の昨年、北京で書いた「行ないと知恵――タルムードの世界に学ぶ」を付記した。フロムもタルムードを熟知していた。

さらに、二〇〇五年一月にポルト・アレグレで開催された第五回世界社会フォーラム（WSF5）に参加した折りに、偶然にもレストランで声を掛けられた年配の女性と会話したら、彼女は仏教をテーマにした集会に参加するところで、話はインドの偉人アンベートカルにも及び、マルクスは経済分析にのみ偏重していて、精神世界について軽視していたという点について、同じ意見であることを知った。彼女の曾祖父はロシア革命に参加したが、「批判的だ」と断罪され、スターリンによって殺され、父も迫害され、ブラジルに渡り、彼女はブラジルで生まれ、今は研究者だと分かった。

〈本書〔『親鸞・ウェーバー・社会主義』〕収録時の追記〉

☆本稿冒頭の二行は本書収録時に書き直した。

☆本稿に対して、「マルクスは愛情豊かな人だった」という反発を聞くことがあるが、私が問題にしているのは、マルクスの人柄ではなくて、彼の理論体系のなかに「愛」が位置づけられている

か否かという問題である。

☆私は、この七八頁のフロムの言葉などをヒントにして、一九九九年に〈生存権所得〉と創語して提起した。『生存権所得』社会評論社、二〇〇九年、『ベーシックインカムで大転換』ロゴス、二〇一〇年、『ベーシックインカムの可能性』ロゴス、二〇一一年、参照。

梅本克己さんとの出会い

一九六〇年の安保闘争を前後して人間の主体性をめぐる問題をテーマとして「主体性論争」が論議となっていた。敗戦直後に梅本克己が提起した「唯物論の客観主義的偏向」が問題とされた。共産党系の論者からは非難を浴びたが、二〇世紀の終わりになって、正統派の岩崎允胤も「学ぶところが多い」と公開の席で語った（克己会回想文編集委員会編『回想　梅本克己』こぶし書房、二〇〇一年、三二頁）。『梅本克己著作集』第九巻（三一書房、一九七八年）に「親鸞におけ る自然法爾の論理」という難解な論文が収められている。私はこの著作集の刊行を手伝ったが、この論文はよく理解できなかった。私は、高校生時代に梅本さんの著作に出会い、著作が刊行されるたびに読書した。一九七〇年代に水戸のお宅を何度か訪ねた。『回想　梅本克己』に、「梅本克己さんの時代的限界」を書かせていただいた。そこで引用した「人間は変わるものだという。……ただどんな風に変わってきたか、そのけじめだけは忘れたくない」という言葉が強く心に残っている。〈主体性〉とは、真剣に生きること、他者の話を良く聞くこと、と言えるのではないだろうか。梅本さんと出会っていて本当によかった。

宗教と社会主義
――ロシア革命での経験

1 「けんしん主義」？

「けんしん主義」と耳で聞いたら、何だと思うであろうか。「献身」かと思ったり、日本史が好きな人なら上杉「謙信」の考えかと連想するかもしれない。〈建神主義〉が正解であるが、『広辞苑』にも出てこないから、分かる人はほとんどいないのではないか。神を建てるとは何のことだろうか。

実は、ロシア革命の歴史において一時期、無視できない潮流をなしていた人びとが唱えた考え方なのである。その一人がルナチャルスキーであった。ルナチャルスキーの名前なら、ロシア革命史に関心がある人なら、とくにトロツキストなら、彼がトロツキーに近いところにいたから知っているだろう。私には、教育関係のトップで活躍した人という記憶しかない。偶然、広岡正久著『ソヴィエト政治と宗教』を手にすることになり、新しく教えられた。

私には、建神主義なるものが一定の影響力をもって拡がっていた事実それ自体もきわめて興味深いが、同時に、この事実が左翼のなかでは今までほとんど知られていなかったことに大きな、反面教師的な意味があると思われる。広岡の著作で明らかにされていたわけだし、注意して読めば、ルナチャルスキーの『革命のシルエット』に付されているアイザック・ドイッチャーの解説にも「建神主義」や「求神主義」（言語が異なる）は出てくるから、知っている人が絶無ということはないだろうが、左翼のロシア革命理解のなかでは埋もれていたと言ってよいだろう。何故なのであろうか。

埋もれた史実というだけなら、ほかにもたくさんある。これからもさまざまな事実が発掘されるにちがいない。そのたびに、私たちは歴史認識を深めてゆく。建神主義をめぐる動向を知ることによって、私たちはロシア革命についても、〈社会主義と宗教〉問題についても認識を深めることができる。

本題に入る前に、一言だけ宗教とは何かについて明らかにしておこう。〈宗教とは、人間の内面的世界の安心を求めて、何らかの超越的なものを信仰する行為で、絶対的な性格をもつ教義と教祖を不可欠とする〉、と言うことができるであろう（村岡到『社会主義はなぜ大切か』九一頁）。本稿では省略するしかないが、私は、マルクスの有名な「民衆のアヘンである」（「ヘーゲル法哲学批判序説」）とか「法律はブルジョア的偏見である」（『共産党宣言』）という理解は誤っていると、考えるようになった。

2　ルナチャルスキーと宗教

広岡によれば、「革命前夜に当たる一九一四年当時、ロシア正教徒が実に総人口の七〇％（約一億人）

ロシア人中ではほぼ一〇〇%を占めていた」。「ロシアは九〇〇年間にわたって、ロシア正教が国民統合の精神的原理をなし」た国だったのである。したがって無神論をバックボーンとするレーニンのボルシェヴィキが国政を主導することは、両者の間で鋭く巨大な対立と矛盾を引き起こすことになるのは必然であった。

広岡は「建神主義」について、それが「まぎれもなくマルクス主義のロシア的な受容形態の一つであ」るとし、「ロシアマルクス主義の父」たるプレハーノフに典型的な、「ロシアマルクス主義のパトスとエトスの欠落を鋭く剔抉《てっけつ》」したものと特徴づけている。

広岡が明らかにしているように「今〔二〇〕世紀初頭の帝政ロシアは……革命という大破局の予兆に怯えながら、退廃と混迷の様相をますます深め……〔カントの影響を受けた〕知識人たちは『宗教の復権』を訴え」ていた。ベルジャーエフなどの「求神主義」者たちは、宗教による祖国の救済に道を見出そうとしていた。この「求神主義運動の出現に触発されて一部のマルクス主義知識人たちのあいだに起こった」のが「建神主義」であった。彼らは、「宗教の換骨奪胎をはかるという方法で伝統的宗教の復活を阻止するとともに、新たな社会主義的宗教の構築を目指」した。著名な作家ゴーリキー、ルナチャルスキー、ボグダーノフらがその中心人物であった。

まずルナチャルスキーについて、どんな革命家だったのか見ておこう。ドイッチャーが前記の「英語版への序文」で教えてくれる。アナトーリー・ルナチャルスキーは、一八七五年にウクライナ東部のポルタヴァで生まれ、古都キエフで成長した。早くから非合法のマルクス主義サークルに入り、九四年にスイスのチューリヒ大学に入学、そこで「ロシアマルクス主義の創始者にして指導的な権威、アクセリロートとプレハーノフに会った」。「彼の学生仲間には……ローザ・ルクセンブルクがいた」。九八年に病弱な弟を連れて、ルナチャルスキーはロシアに帰えり、すぐにモスクワの非合法グループで活動を開始した。そこにはレーニンの姉も参加していた。やがて逮捕され、辺地に追放・流刑された。そこで、彼は、「一九〇三年から〇八年にかけての危機の数年間、レーニンの密接な政治的同志であったボグダーノフ」に出会った。彼は、ボグダーノフの妹と結婚した。ボグダーノフは「無二の親友にして政治的・思想的協力者」となった。

一九〇一年か〇二年に刑期を終えて、ルナチャルスキーはキエフに戻った。〇三年、周知のようにボルシェヴィキとメンシェヴィキとの分裂が起き、レーニンを支持したボグダーノフの勧めで翌年にパリとジュネーブでレーニンと接触した。政治に没頭するレーニンと、「実証的美学」の理論家であるルナチャルスキーとは肌合いはよくなかったが、彼はボルシェヴィキに加わった。

〇五年革命が敗北し〇七年からの反動期が訪れ、ツアーの翼賛的議会に席を持つ社会主義者の議員の態度をめぐってボルシェヴィキのなかで論争が起きた。ボグダーノフとルナチャルスキーは「議員を召還するようにレーニンに迫った」。レーニンはこの戦術を拒否し、ボグダーノフらを「日和見主義者」と批判した。次に、哲学上の論争が、ボグダーノフとレーニンの間で交わされた。レーニンは『唯物論と経験批判論』（一九〇九年）で、ボグダーノフを徹底して批判した。ルナチャルスキーは『社会主義と宗教』を書いてこの論争に加わった（残念なことにこの著作の邦訳はない）。しばらくして、レーニンはメンシェヴィキとの論争の必要性から、ルナチャルスキーにも矛先を向けることになった。詳しく追うことはしないが、そのころのエピソードをドイッチャーが紹介している。「ある集会では、ルナチャルスキーが『求神主義』を鼓吹したあと、レーニンは頭を低くして彼のそばに歩み寄り、目に意地悪そうな輝きを浮かべて『どうか私を守って下さい、神父アナトーリー様』と囁いたということである」。レーニンはボグダーノフに対しては仮借ない批判を加えたが、ルナチャルスキーに対しては、ドイッチャーによると「愛情ある皮肉をこめて扱った」。

一七年のルナチャルスキーは、八月にトロツキーとともにメジライオンツイ・グループとしてボルシェヴィキに合流し、「トロツキーだけに次ぐ赤いペテログラートの大演説家」となった。そして、革命勝利の直後にレーニンは「一瞬のためらいもなくルナチャルスキーを教育人民委員〔文部大臣〕のポストに選任した」。このころのレーニンは、「文化の問題では、憎悪と傲慢、狂信ほど有害なものはない。この問題では細心の配慮と寛容を心がけねばならない」という余裕を保持していた。「求神主義者」のほうが適任だと考えていたのである。レーニンの時代には、後にグロテスクに定着する「自己批判」などという儀式はなく、ルナチャルスキーは自己の哲学的見解を捨てたわけではない。とはいえ、広岡によればルナチャルスキーは、レーニンが死の床についた「一九二三年に至ってその主張を公式に撤回して、結局のところレーニンの『戦闘的』無神論の軍門に下」った。

「ルナチャルスキーは、レーニン死〔二四年一月〕後の凄まじい党内闘争には加わらなかった」。彼は「誰よりもトロツキーに近かった」し、スターリンに与することはできなかった。一九二三年に刊行された、ボルシェヴィキの指導的人物を評した『革命のシルエット』では、ただスターリンだけを取り上げなかったが、ドイッチャーはこの「欠落は不敬罪にも等しかった」と評している。二七年にトロツキーやラコフスキーがシベリアに追放されたあと、傷心のルナチャルスキーは二九年まで名目的には教育人民委員に留まったが公務はこなさなかった。三三年にマドリード駐在大使に任命されたが、同年末に赴任する前にフランスで没した。五九歳であった。

ルナチャルスキーの『社会主義と宗教』を読めば、はっきりすることが多いはずであるが、ここでは広岡の叙述から要点を引くことしかできない。「彼らはマルクスの教説のうちに科学と宗教との総合を看取し、疑似宗教的な建神主義の構想を明らかにすることによって、マルクス主義の理論的・実践的完成を実現しようとした」。「ルナチャルスキーによれば、プレハーノフはマルクス主義の合理主義的・科学的側面をのみ継承・発展させたにとどまり、その情緒的・倫理的側面を等閑視するという致命的な過失を犯してしまった」。「プレハーノフは、マルクス主義を科学としてのみ把握しようとする」。「ルナチャルスキーによれば、実にマルクスはその社会主義思想において『科学と宗教的熱狂とを結びつけた宗教的天才、キリスト、聖パウロ、スピノザといったユダヤ的系譜に立つ宗教的天才』である。マルクスの科学的社会主義は『すべての宗教のうちでもっとも宗教的な教義であり、真の社会民主主義者はもっとも深く宗教的な人間』なのである」！　ルナチャルスキーからの引用の形は取っていないが、彼は「人間社会の発展が、社会・経済的要因に規定されることは確かであるにせよ、それに倫理的価値を与え、倫理的正当化を施すのは宗教以外のなにものでもありえない」と考えていた。

本稿ではルナチャルスキーの見解よりも彼の足跡に多くを割いてしまったが、先に見た業績を残した人物が、「建神主義」を唱え、かつそれを改宗することなく、レーニンによって文部大臣に抜擢されていたことを知ることは、大きな意味があるからである。

3　問題の今日性

建神主義について知ることは、酒の肴に夢やぶれた革命の裏話を加えるためではない。宗教は今日なお社会生活できわめて高い比重を占めている。各国によって相違があることはいうまでもないが、昨年〔二〇〇四年〕のローマ教皇の死去や新教皇の式典が数百万人の規模で執行され、各国の政府要人が参列し、国際政治の焦点にもなっている。国際政治にも鈍感な小泉純一郎首相はヴァチカンに行かないが、私たちは宗教に鈍感であってよいわけはない。

世界総人口が約五五億人だった一九九五年の統計によれば、約一九億人がキリスト教信者、約一〇億人がイスラム教信者、約七億人がヒンドゥー教信者、約三億人が仏教信者である。これらが四大宗教と言われる。イラク戦争を直視すれば、イスラム教やイスラム文明が世界政治における難問の焦点となっていることは誰もが理解できる。仏教は、中国、日本、タイ、ベトナム、ミャンマー、韓国、スリランカ、台湾、カンボジア、インドに広く分布している。

日本ではさらに仏教やキリスト教などの周辺にさまざまな新興宗教が数え切れないほど声をあげて

いる。一九九五年にオウム真理教が引き起こした地下鉄サリン事件の恐怖から、近年の教祖による幼女への性的虐待まで、いかがわしい新興宗教は後を絶つことなく発生し、少なからぬ人びとを信仰に引き入れている。創価学会は五四二万人と推定され、それと一体化している公明党は数年前から政権与党になっている。日本人は宗教への帰属意識が低く、信仰ありと自認する人が約三割にすぎないが、七五三は祝うし、葬式には仏教の僧侶の世話になるのが一般的である。

日本における宗教のあり方や歴史については、いずれ学びたいと思うが、話を狭い左翼の世界に移して少し考えてみたい。

戦前に日本資本主義の発達とともに労働運動や社会主義運動が興った時期に、キリスト教徒のなかからもこれらの運動に接近するものも少なくなかった。

一九〇一年に創設された日本最初の社会主義政党である社会民主党の最高指導者六人のうち五人までがキリスト者であった。大正デモクラシーの代表的人物である吉野作造はキリスト教徒であった。吉野は一九二〇年には、幸徳秋水の親友だった堺利彦と協力してコスモ倶楽部を作り、二六年に社会民衆党が結成されたときに、呼びかけ人の一人になり、三一年の満州事変勃発の際には堺と吉野は戦争反対の声を挙げた。三二年の社会大衆党の結成にも尽力している。松尾尊兊によれば、この社会大衆党は「三反主義、すなわち資本主義、共産主義、ファシズムに対する反対を掲げていますが、これまでは反共という点だけが強調されてきた」ということである。

治安維持法の下での戦前の社会主義運動の総括も残されている問題であるが、その際にキリスト教あるいは宗教をどのように理解するかが大きな相違をもたらすであろうことはすぐに推測できる。戦時中に宗教的信念を貫いて獄死した、創価学会初代会長牧口常三郎の評価や一九二一年（大正一〇年）と一九三五年に二次にわたる弾圧を受けた大本教も左翼の世界では無視されている。

敗戦直後には、今では振り返るものはほとんどいないが、哲学者の梅本克己が口火を切った主体性論争が論壇をにぎわせていた。梅本が一九四七年に発表した「唯物論と人間」の冒頭には河上肇の自叙伝から「絶対的無我という一つの宗教的真理と、マルクス主義という一つの科学的真理とは、私の心の中に牢固として抜くべからざる弁証法的統一を形成しつつ」というセンテンスが引かれていた（著作集第一巻、三三頁）。この論文には「マルクシズムと宗教的なもの」というサブタイトルが付けられていた。そもそも梅本の出発点には一九二六年執筆の卒業論文「親鸞における自然法爾の論理」が据えられていた。七八年に著作集で初めて公表されたこの論文はほとんど顧みられることもなく、著作集の編集に協力した私にしてもそういう論文があったとしか記憶にないが、主体性論争についても宗教という視座から問題をさらに発展させるべきであったと思われる。ルナチャルスキーはプレハーノフをパトスの欠如した科学主義として批判したが、梅本もまた正統派マルクス主義を人間の主体性（能動性）を欠落させたひからびたものとして批判したのであった。

河上が記した「絶対的無我という一つの宗教的真理と、マルクス主義という一つの科学的真理」との「弁証法的統一」と、ルナチャルスキーの「科学と宗教的熱狂とを結びつけた宗教的天才」とが通底する理解であることは明白ではないであろうか。もし、梅本がルナチャルスキーの主張を知ることができていれば……、慚愧に耐えないというしかない。ここでも、宗教についての狭い理解から生み出された無知は、真理の探究にとっての大きなブレーキになっていたのである。

宗教を「アヘン」であるとか、「偏見」であるとかと切り捨てることを止めることによって、現実の世界の変革（その核心は、生産関係の変革）を求める社会主義運動と、人間の内面的世界の安心を求める宗教的傾向とは緊密な協力関係を創り出すことができるであろう。

日本共産党は、数年前に「クリスチャンも入党できますか？」という読者からの問いに答える形で「日本共産党は、科学的世界観と宗教的世界観が異なることをあいまいにはしていませんが、信仰の有無や哲学上の一致を入党の条件として義務づけてはいません」と答えたことがあった（「赤旗」二〇〇二年三月七日）が、掘り下げて明確にしているようには思えない。

レーニンの宗教論を批判したオーストリアのオットー・バウワーの流れを汲む法学者グスタフ・ラートブルフが明らかにしたように、「社会主義は、或る特定の世界観に結びつくものではない」のである。

〈参考文献〉

- 広岡正久著『ソヴィエト政治と宗教』未来社、一九八八年。
- ルナチャルスキー『革命のシルエット』筑摩書房、一九七三年。
- 松尾尊兊「戦前の社会民主党の歴史的位置」『QUEST』第三七号＝二〇〇五年五月。
- 『梅本克己著作集』第一巻、第九巻、三一書房、一九七八年。
- 上島武「ロシア革命と宗教」、上島武・村岡到編『レーニン　革命ロシアの光と影』社会評論社。

戦前における宗教者の闘い

二〇一二年三月二八日、キューバの首都ハバナで、ローマ教皇ベネディクト一六世（八四歳）と、昨年政界を完全引退したフィデル・カストロ前国家評議会議長（八五歳）との会談が実現し、世界の話題となった。

ローマ教皇のキューバ訪問は一九九八年の前教皇ヨハネ・パウロ二世以来、一四年ぶりである。カトリック教会は一九五九年のキューバ革命の際に反革命派を支持し、そのために両者は長く対立を続けていた。六〇年代にはキューバ政府は司祭や尼僧ら約三〇〇人を国外追放し、教会が所有していた学校を全て国有化し、教会は資金源を断たれた。だが、キューバ政府は前教皇の訪問を機にクリスマスを「休日」と定めるなど、近年は「雪解け」が進んでいた。

ラウル・カストロ国家評議会議長らに出迎えられた教皇は空港で、「キューバ政府と教会の関係には、さらなる発展の余地がある」と挨拶し、教会の権理拡大のほか、在米の亡命キューバ人との和解や政治犯の釈放などを暗に求めた。議長は「キューバ憲法は信教の自由を保障している」と述べ、教会と対立してきたキューバの変化を印象づけた。

ベネディクト一六世は、二六日にはサンティアゴデクーバ市で二〇万人、二八日にはハバナ市で三〇万人の野外ミサを執り行なった。

八四歳と八五歳の老境にある二人の偉人の会見は、社会主義と宗教のそれぞれの在り方と両者の関係について、改めて深く考えるべきだと教えている（キューバ革命以前には、人口の八割がカトリック教徒だった）。

私は七年前〔二〇〇五年〕に「社会主義と宗教――ロシア革命での経験」(1)（本書に収録）を執筆していらい、このテーマについて関心をいだき少しく論及してきた。ルナチャルスキーの例をあげてロシア革命では宗教は大きな影響をもっていたことを明らかにした。確かにそのことは無駄な研究ではなかったが、遠い外国の歴史を尋ねる前に、自分が生活している足下の歴史を知る必要こそがあった。

1 治安維持法などで大弾圧された大本教

「大正一〇年（一九二一）二月一二日の未明、〔京都府の〕綾部と亀岡は検事総長・平沼騏一郎の指示をうけた京都府警察部長・藤沼庄平の動員した武装警官二〇〇人におそわれる。第一次大本事件のはじまりである。容疑は、不敬罪および新聞紙法違反であった」（伊藤、一七〇頁）。

伊藤栄蔵は『出口なお出口王仁三郎の生涯』で「第一次大本事件」をこう書き出している。伊藤は、大本の教学研鑽所所長などを歴任した大本の信徒である。大本は、出口なおが明治二五年（一八九二年）に「帰神」して創られた。開祖なおは、一九一八年一一月に亡くなっていた（一九二三年には関東大震災が起きた）。

〔この日、聖師出口〕王仁三郎は、大阪梅田の大正日日新聞の本社で執務中で……そこで検挙され……京都監獄の未決監に収容された（同）。

予審終結で記事解禁となると、新聞はいっせいに書き立てた。「国体を危うくする大本教の大陰謀」「謎の大本教」「淫祠邪教」「内乱の準備行為として武器弾薬を隠匿し竹槍十万本用意」「悪魔の如き王仁三郎」などあくどい記事を捏造して「邪教」の印象をあたえることに骨を折った（伊藤、一七一頁）。

王仁三郎は四カ月後に「責付出獄し」た。同年一〇月に「不敬罪により懲役五年、浅野〔和三郎〕には懲役一〇カ月の判決が下った」。被告も原告も控訴し、結局、一九二七年に「大審院で免訴とな」（伊藤、一七三頁）った。大がかりな嫌疑にもかかわらず、有罪にすることはできなかった。

第一審判決の一週間後に、「完成したばかりの本宮山神殿の取り壊し命令が出た」。「警官と人夫五〇余人が破却作業に当たり、一週間をついやして荘厳な神殿はすっかりこわされてしまった」（伊藤、一七四頁）。

この時、一九歳の三代〔教主〕直日は〔次のように〕詠んだ。よしやこの神の宮居はこはすとも　胸にいつける宮はこはれじ（同）。

一五年近く後、「昭和一〇年（一九三五年）一二月八日、早暁の四時、綾部と亀岡の大本本部は武装した四三〇余人の警察官の包囲をうける。第二次大本事件、近代史上に類例をみない大規模な宗教弾圧の幕が開いたのである」（伊藤、二一七頁）。

亀岡の天恩郷へむかった警官は「決死的覚悟をもってのぞむように」と申しわたされた。彼らは腕に白布を巻き、白たすきをななめにかけ、音をたてないため草履にはきかえ（同）〔ていた〕。早瀬圭一は『大本襲撃』で、「一五年前の第一次大本事件に比べ、規模、厳しさ、捜査警官の数などすべてで上回った。二度目の大本襲撃を指揮した内務省の唐沢俊樹警保局長は『今日こそは大本教を地上から根こそぎ抹殺する方針である』と声明を出していた。……検挙された大本幹部は……四四人で、信徒五〇〇人が取調べを受け、内三〇〇人が身柄を拘束された（……一九三六年末までの検挙総数は九八七人、取調べは全国で三〇〇〇人を超す）。当局はさらに教団施設の全破壊と組織の解体を図った」（早瀬、一四六〜一四七頁）と明らかにしている。大本教の勢力については、当時の新聞に「二〇万信徒」（早瀬、一四八頁）とある。

検挙者に対する特高課員たちは、竹刀、焼け火箸、水責めなどあらゆる拷問の道具と手段を用いた（早瀬、一五四頁）。拷問は連日早朝から深夜まで続き、たまりかねて捜査官がデッチあげた調書に印を押す者や発狂寸前に追い込まれたり、自殺する者も相次いだ（同）。

「特高」については、早瀬が説明している。

当時、国内の治安を統括し、強大な警察権力を掌握していたのは内務省である。そこには思想および宗教に関する動静を常に監視している特別高等警察という機関が存在した。「特高」の名で恐れられたこの機関は、明治四四（一九一一）年、前年に起きた幸徳秋水らの大逆事件を教訓として、警視庁内に特別高等課が設けられたのを端緒とする。その後、規模が拡大して、昭和三年には全国の道府県に設置された（一一二頁）。

京都の五条署での体験を王仁三郎はこう詠んでいる。「日出麿は竹刀で打たれ断末魔の　悲鳴あげ居るを聞く辛さかな」（早瀬、一五五頁）。日出麿は、後に三代教主補となった人物である。同じ場面を出口斎は『神仙の人　出口日出麿』で、「日出麿の様子は激変し、常人とは思えない状態にはいり、外見には精神錯乱、虚脱の状態となった」（二三三頁）と書いている。拘留中に日出麿は精神鑑定を受け、京都大学の病院に入院させられた。別の医師の診断では「余命一〇年」（二五五頁）と診断された。だが、健康を回復し、優れた書を残し、一九九一年一二月二五日、あと三日で九四歳になる日に天に召された。この事件の二年前には共産党員で作家の小林多喜二が東京・築地署で拷問の末に虐殺されていた。

警察はさらに卑劣な方法を講じ、（聖師の）女性問題をでっち上げて噂を飛ばした。（捜索の際に〕聖師の居室に卑猥な展示をほどこし、新聞記者らを招いて写真を撮らせたりもした（伊藤、二一八頁）。

弾圧のすさまじさについては、伊藤が克明に描いている。長くなるが引用しよう。

起訴と同時に組織の解散、建造物の強制破却を決定した当局は、まず綾部聖地にある家具、備品、機械類を強制的に売却させた。手当たりしだいに古道具屋にたたき売られ、または持ち去られ、あるいは焼却された。その燃えのこりのくすぶりは一カ月も続いた。

官憲は出口家の墓碑や信者の納骨堂を破壊し、信者の墓碑に刻まれた大本特有の称号をすべて削りおとした。

綾部、亀岡両聖地の破壊にはダイナマイト数千発が使用され、こまかいところはハンマーでくだき、ガスで鉄骨が焼き切られた。その爆発音は遠くはなれた人家の戸や障子を振動させた。殿堂はみな、根こそぎ破壊されて土けむりを上げた。樹木は切り倒され、石段さえも削りつぶされ、やがて一帯は見る影もない荒野と化してしまった。……しかもその破壊の費用は聖師と二代〔教主〕すみに負担せしめた（二二〇〜二二一頁）。

出口斎は「この事件は弾圧のすさまじさにおいて、またその虚構性において空前であり、昭和暗黒史を象徴するものである」（二三〇頁）と評している。

この言語を絶する弾圧のなかで、すみ子（すみの正式な表記）が獄中で詠んだ短歌を紹介しよう。

「四年を馴《よそ》れなじんだるぼっかぶり　妻はまめなか子らは増えたか」（伊藤、二二六頁）。

「ぼっかぶり」とは綾部地方の方言でごきぶりのことで、いつもは独房に一対で現れるごきぶりがある日、オスだけで現れたので、メスはどうしたのか、子は増えたかと尋ねている。すみは毎日エサを与えていた。早瀬は『大本襲撃』をこの歌の引用から始めている（九頁）。

すみ子にはもう一つ有名な句がある。「戦争に入れる力を平和なる道につくせばこの世天国」である。「王仁三郎が〔一九四八年一月に〕昇天し、すみが教団の大黒柱になってからの歌だ。すみはこの歌の通りに生き、そして信者たちをみちびいている」（早瀬、二七四頁）。

敗戦直後の一九四五年九月に第二次大本事件に無罪判決が出された。早瀬が着目しているように、大本信徒の転向者は少なかった（一六一頁）。「大本の信仰を捨てたかに見えた全国の信者たちもほとんど改宗することはなかった」（二四九頁）。自由の身となり活動を再開した王仁三郎は、弾圧に対する国家賠償を請求しようとする自分たちの弁護団の意見に対して、国民の負担になるからその請求をすべきでないと諭した（伊藤、二四四頁）。王仁三郎は、全八一巻の『霊界物語』を口述筆記し、晩年には陶芸評論家の加藤義一郎が「耀盌《ようあん》」と命名した楽焼き茶碗の製作に精を出した。その鮮やかな暖かみと深みは、驚嘆するほかない（私は、先日、亀岡の特別展示室で鑑賞した）。

そして、大本は甦る。綾部には長生殿が建立され、亀岡の天恩郷が復活した。

この大本とは何なのか、大本の教義の内容はどのようなものか、についても深く理解する必要があるが、残念ながら本稿ではそこまで踏み込む準備はない。

貧しい者に寄り添い、農業を重視し、土地は万人のものと説き、平和に尽す生き方は、深く共感に値いする。「万教同根」を軸に据え、エスペラント語の普及や「宗際活動」（国際活動）も展開している。『大本七十年史』の編集にも協力した安丸良夫は『出口なお』で、「出口なおと大本教を通して、日本近代社会のもっとも本質的な特徴に迫りうると揚言することさえできなくはない」（二五八頁）と、控えめにではあるが高く評価している。

断片的ながら二つだけ記しておきたい。

・大本教の本部の所在地である綾部市は、一九五〇年一〇月に市議会の全会一致で「世界連邦都市宣言」を決議した。全国初である。「二年後には亀岡市も第二号を宣言した」（早瀬、二八二頁）。同書執筆時点では「全国で約三五〇自治体が世界連邦都市を宣言」（二八三頁）。

・「ロサンゼルス・オリンピックの男子体操個人総合で逆転優勝した具志堅幸司は、日出麿の『生きがいの探究』『生きがいの創造』〔講談社〕を旅先まで携帯し、紙がすりきれるたびにいくども買いかえて愛読した。……帰国した具志堅は、日出麿に金メダルを見せ、優勝の記念像を献じた」（出口、四一六頁）という。

どうして、以上に略記した貴重な事実、一度知ったら忘れられない史実が左翼のなかでは知られることもなく見過ごされてきたのであろうか。驚くべきことに、共産党は、「『邪教』弾圧の歴史」と書いている。(2)

いや、左翼だけではない。本稿で後述する宗教関係の著作のなかでも、大本教に触れたものはない。仮に仏教者やキリスト者の戦争責任をテーマに設定するとしても、〈宗教者〉と少し視野を拡げれば、詳しく主題にして取りあげなくても一言言及できるはずであり、そうすべきである。

高橋和巳の『邪宗門』には一言ふれておこう。一九六〇年代後半に『朝日ジャーナル』誌に連載されたこの長編小説では、ひのもと救霊会の行徳仁二郎は屈服して獄死する。現実の大本教は、前記のように弾圧に屈することなく信念を貫き、暴力を否定している。小説のタイトルに明示されているように、高橋は「邪宗」に陥っていて、真剣に考え抜くべき困難な問題を提示はしているが、迷路に陥って希望がない。

2　妹尾義郎と新興仏教青年同盟の闘い

戦前に既成の仏教諸宗派が雪崩を打って天皇制国家に屈服し戦争に協力したことは周知であり、その責任も重く問われている。ところが、ごく稀な例とはいえ、釈尊の教えにしたがって頑強に戦争に反対して初志を貫いた人物と運動も存在していた。妹尾義郎と新興仏教青年同盟の闘いである。稲垣真美が『仏陀を背負いて街頭へ』を一九七四年に著わして、その歩みを追っているので紹介したい。

その前に、釈尊の元々の教えとその後の仏教とにはズレや相違が大きく存在していることを知る必要がある。このことについては、幸便にも植木雅俊が最新刊の『仏教、本当の教え』で克明に明らかにしている。一つだけ分かりやすい例をあげると、「袈裟」と言えば、僧侶が身にまとうきらびやかな衣装をイメージするが、もともとは「死体の体液の染みで汚れ」（一六頁）たボロの服だった。あるいは釈尊は「迷信」や「呪術・占いを否定」（三七頁）していたし、「釈尊の時代には、仏教と葬式とは関係ないものであった」（一九九頁）。

妹尾義郎は、明治二二年（一八八九年）一二月一六日に広島県の東城村で生まれた。生家は酒造業であった。学業成績も良く、一高（東大の前身）の英法科に入学し、敬虔なクエーカー教徒でもあった農学者・法学者・教育家の新渡戸稲造[3]に出会い私淑するが、病弱のゆえに退学を余儀なくされ故郷に戻り、豆腐商人によって法華経の手引きを受け、日蓮信仰に向かい、一九一五年末に得度し、日蓮宗の僧侶となった（ただし住職ではない）。

一九三一年四月五日、東京・本郷三丁目の帝大（東大）仏教青年会館で新興仏教青年同盟結成大会が開催され、「三〇人あまりの仏教者たちが集まった」（二一頁）。三カ月前に開催された「日蓮主義青年同盟の年次大会で〔妹尾の主導によって〕新興仏教青年同盟結成の提案がなされ、……二五名の出席者全員一致で新興仏教への発展的解消が承認され」（八八頁）ていた。大日本日蓮主義青年同盟は一九年一一月に妹尾を中心に大学生らによって組織された（六二頁）。

当時は治安維持法の時代であり、集会には「臨官」と称して警官が立ち会う。警官は「不穏当」な発言があると、サーベルを鳴らして威嚇し、「弁士中止」と演説を中断させる。この創立大会もそうであった。

新興仏青の勢力については、一九三六年頃には機関誌は「部数三千を公称した（実売は千五百部程度）」（一〇八頁）と稲垣は書いている。

稲垣の著作より四年前に刊行された『仏教者の戦争責任』で、市川白弦は、新興仏教青年同盟を「仏教社会主義の典型として重視しなければならない」ものと位置づけている。彼によれば、新興仏教青年同盟は、「本部を東京〔妹尾の自宅〕におき、最盛時には二〇に近い支部と二〇〇〇人をこえる同盟員を獲得して、活発な活動をおこなった」（一五九頁）。

一九三七年に「治安維持法により幹部二五名が起訴、同盟は解散させられた」（一六〇頁）。

創立から解散まで一気に記したが、その主張を明らかにしなければならない。稲垣の著作に戻ろう。

創立大会では、以下の三点を記した「綱領」を確認した。
①我らは人類の有する最高人格、釈迦牟尼仏を鑽仰し……仏国土建設の実現を期す。
②全既成仏教を仏教精神を冒涜したものとし、これらを排撃し、仏教の新時代をめざす。
③現資本主義経済組織は仏教精神に背反して大衆生活の福利を阻害するものと認め、これを革正して当来社会の実現を期す。〔この項目は原文。①②の正確な文章は同書を参照〕。
「〝当来社会〟を〝社会主義社会〟とすべきという意見が出ると、臨官警官がわざとらしくサーベルの音を立てた」（七頁）。

創立大会で発せられた「宣言」では以下の諸点が高らかに明示されていた。

まず、既成の仏教が堕落していることを「反動的御用宗教」と激しく指弾する。先の②同様、前記の植木の指摘に合致している。

そして、「新興仏教運動」を対置する。「新興仏教」は「社会の苦悩は、主として資本主義経済組織に基因するを認めて、これが根本的革正に協力して大衆の福利を保障せんとする。ブル〔ジョア〕的仏教を革命して大衆的仏教たらしめんとする」。

最後に、「愛と平等なる仏教精神を先ず自らに体験しつつ、敢然、資本主義改造へと直進せよ。かくして、我らが理想とする仏教社会建設に努力しようではないか！」（四～五頁）と呼びかけた。

もう一つだけ紹介しなければならない。創立の年九月に満州事変が勃発するが、その直後に、妹尾は以下のような痛烈な批判を書いた。

とうとう満州で日支〔中〕両軍は火蓋を切った。……資本主義をこのままの戦争は民衆の苦悩増加を結果する以外の何者でもないぞ。……戦争は人類の最大の不幸だ。帝国主義戦争は民衆の敵だ。人類は国家的感情の超越以上に階級対立の事実を認識して、この障害撤廃にこそ全人類の福祉の存することを思うべきである（一一〇頁）。

この檄を掲載した新聞「新興仏教」一一月号は直ちに発行禁止とされた。

妹尾はこれほど明確、激烈に戦争に反対し、その根源にまで批判を加えたのである。当時、非合法の共産党はすでに度重なる弾圧——一九二八年の3・15、二九年の4・16弾圧（関連して一〇〇〇人が逮捕）によって主要な活動家は獄中に囚われていた。妹尾も、一九三六年末に発行名義人に加わっていた『労働雑誌』に関連して逮捕され、拘留中に特高が組織に潜入させたスパイをも使って「フレームアップ」され、新興仏青のほうに容疑が変更され、起訴された（一九四二年七月に仮出所）。敗戦を経て、「妹尾は政治の面では最初は社会党とつながりをも」（二二四頁）っていた。「仏教界でも進歩的仏教者による運動が発足しはじめ、一九四六年一二月ころには、妹尾もかつて新興仏青の同志林霊法、壬生（山本）照順らと新宗教同盟を作る。仏教社会主義同盟結成の動きも同じころに起こって、一九四八年四月、東京で仏教社会同盟となって発足する。妹尾はその委員長に推された」（二二二頁）。また、一九五三年には二度にわたって「日中友好協会代表として中国を訪問した」（二二四頁）。三度目の訪中に「先立つ慰霊祭」で、妹尾は「日本帝国主義の侵略戦争を防止することができず……懺悔と謝罪の念で胸いっぱいの只今であります」（同）と挨拶した。当時は日本共産党と中国共産党は友好関係を保持していた。

そして、妹尾は、一九五九年末に共産党に入党した。七一歳の死の前年一九六〇年元旦の日記に、妹尾は「多年の宿望であった共産党に……入党した」と記した。稲垣はこの「多年」の意味を「〝多年〟というからには……やはり特高の調べのまえに屈曲しながら、内面にあの〝懐疑〟を先鋭化させた日々からのながい年月を意味するのではないかと、私は思う」（二二六頁）と暖かく推察している。

妹尾に限らないが、言語を絶する苦難に耐えて初志を貫いた偉人たちの生き様を知ると、思わず胸が熱くなり、襟を正さなくてはと反省する。偉人たちの足跡を訪ね再現するひたむきな研究者の努力にもただただ頭が下がる。本稿では執筆範囲に加えることはできなかったが、岡本宏『田添鉄二』（岩波新書）や工藤英一『キリスト教と社会運動』（日本ＹＭＣＡ同盟）も勉強になった。彼らに教えを乞おうと思っても鬼籍の人となっている。もっと前にこれらの事跡を知り、その意味を多少なりとも理解できていればと深く悔やまれる。

偶然ながら、私が高校を卒業して一九六三年に最初に就職した職場は東大病院分院だったが、私が生まれる前年一九四二年に病弱のゆえに瀕死の床にあった妹尾が六年ぶりに仮出所して入院したのが、その東大分院であった。

妹尾ら以外の例についても見ておこう。

後述の『宗教とは何か』で、日隈威徳は、「歴史のなかの宗教」の「二　戦後の仏教界」で、「反戦僧・竹中彰元の復権」、「妹尾義郎と新興仏青」、「植木徹誠の朝熊闘争」と項目を立ててそれぞれを簡単に紹介している。

「竹中彰元の復権」は、二〇〇八年一〇月にNHK教育テレビで放映された番組を紹介し、竹中が、親鸞の教えにしたがって日中戦争が開始された一九三七年に「戦争は犯罪である」と説いて、逮捕・禁固刑（執行猶予付き）を受け、宗派からも処分されたが、七〇年後の二〇〇七年に「名誉回復」したと明らかにしている。

「妹尾義郎と新興仏青」では、前述の史実を簡潔に紹介してある。

「植木徹誠の朝熊闘争」：植木徹誠はタレントの植木等の父親で、真宗大谷派の僧侶で、三重県で部落解放運動にもかかわり、一九三八年に治安維持法違反容疑で逮捕された。戦後、東京・目黒区の民主商工会会長を務め、共産党に入党した。

市川白玄はさらに何人かの仏教者の足跡をフォローしている。明治一五年（一八八二年）に創られた「東洋社会党」や浄土真宗の僧侶が弾圧に抗して闘っていた（一五七〜一五八頁）。

他にも埋もれた人物、闘いが存在していたに違いない。

私は、このような歴史的な事実は、明確に記録に残し、共通の財産として継承する必要があると自省も込めて強調したい。したがって、日隈が紹介していることは、貴重な努力として高く評価しなければならない。共産党中央にしても、共産党を激しく非難してきた新左翼諸党派にしても、これらの闘いにまったく注目することなく、知らずに済ましてきたのは大きな限界であり誤りだった。同時に、妹尾が最晩年に共産党に入党した事実一つを直視するだけでも、共産党と新左翼諸党派とを同一視することが誤りであると気づく。次に共産党について、宗教問題ではどうなっているのかを明らかにしたい。

3　日本共産党と宗教問題

私は日本共産党についてそれなりにウォッチしているつもりであるが、宗教に視点を定めて検討したことはなかった。キリスト者の小笠原貞子が長く副委員長を務めていたことについて何故かと思ったことはあるし、ときどき宗教者との交流などが「赤旗」紙上に報道されることを知っている程度であった。

長く共産党の宗教委員会の責任者でもあった日隈威徳が『宗教とは何か——科学的社会主義の立場』を二〇一〇年に著わし、系統的に明らかにしているので、そこから学ぶことにしたい。宗教委員会は、一九七六年に開かれた第一三回臨時党大会で新設され、最初の責任者は、宮本顕治から「蔵原惟人君も非常に立派な文芸評論の大家(4)」と回想された戦前からの古参党員で常任幹部会委員の蔵原で、八七年からは日隈に代わった（二〇〇四年の第二三回大会で退任）。

本書によれば、共産党が宗教問題について基本的な態度と政策を明確にしたのは、一九七五年一二月に開かれた第七回中央委員会総会（第一二回大会）で決議された「宗教についての日本共産党の見解と態度」である。その趣旨もふくめて、翌年一カ月後に開催された第一三回臨時党大会で「自由と民主主義の宣言」が採択された。ついでながら、この大会で、「マルクス・レーニン主義」「プロレタリアート執権〔独裁〕」が放棄され、「社会主義日本でも市場経済を活用する」(5)ことになった。

当時＝一九七〇年代は、田中角栄、三木武夫、福田赳夫の自民党政権が続く時代で、共産党は躍進の時期にあり、「民主連合政府」が今にも実現するかのように打ち出されていた。七〇年代末の党勢は、党員：四〇万、「赤旗」読者三〇九万人、国会議員：衆院四一人、参院一六人、だった。〔現在＝二〇一二年七月は、三一万八〇〇〇人、一三〇万人、九人、六人〕。

一九七五年七月には、相互協力を約した創価学会との協定が発表された。「創共協定」は創価学会側の約束違反によりすぐに死文化されてしまったが、大きな話題となった。接触を求めてきた創価学会の池田大作会長とトップ会談した宮本顕治委員長の論文「歴史の転換点に立って」が同年に『文藝春秋』一〇月号に掲載された。宮本は、「創共協定」について詳しく説明した。宗教についても深い理解を示している。例えば、「詩人金芝河は、最近、獄中で書いたその『良心宣言』の中で、『神と革命との統一』を説いている」(6)とも明らかにしている。この宮本論文は、一九七九年刊行の『日本共産党と宗教問題』に前記の「決議」とともに収録されている。

日隈著作では第三部の最初の論文「『日本共産党と宗教問題』を学ぶ」で取上げられているので、その要点を紹介しよう。

日隈は冒頭で、この著作が、「共産党の独習指定文献（中・上級）です」と確認し、前記の七中総での決議を「宗教決議」と強調してその要点を説明している。

日隈は、「日本共産党の基本的態度」と項目を立て、①「信教の自由の擁護」、②「政教分離の原則の徹底」、③①②が「将来のいかなる社会においてもつらぬかれる」の三点をあげる。

次の項目は「『宗教アヘン』論をどうみるか」と立てられ、前記の宮本論文からマルクスは「単純に宗教自体を軽蔑しているのではない」（二〇八頁）と引用し、さらに、この「言葉の使用にあたっても、きわめて慎重、厳密でなければならない」という蔵原の解明を引いて、この「言葉が一人歩きをはじめ、それがあたかも共産主義者の常識であるかのようにいわれてきました」（二一〇頁）が、そうではないと強調する。

前記の宮本論文が世間でも大きな話題になった頃に、こんなエピソードがあったと、ある人から聞いた。南国酒家という料理店が「共産党は宗教をアヘンからなぐさめに変えたが、うちの味は変りません」（大意）と電車の吊り広告に書いたという。

私は、うかつなことに日隈の著作を読むまでは、「宗教はアヘンだ」は共産党内でも常識になっていると思っていたが、宮本も蔵原もここまではっきりと認識し注意していた。他方、不破哲三書記局長は、この言葉の評価を避けて、この言葉が書いてあるマルクスの論文について説明している。(7)

日隈は「宗教者の入党をどうみるか」や「世界観の問題をどう考えるか」にも答えている。「地上（現実）の問題」と「地上の問題を離れ」た場合——「天上」とは書かないが——とを二分して宗教者が抱える「自己矛盾」を「解決」（二一四頁）するよう促している。

その上で、最後に「相互理解と協力、共同をめざして」の項目で「宗教決議」に示してある、「平和と核兵器全面禁止」の闘いなど五つの現実的な課題を列挙して、「私たちの身近な宗教者に、いますぐ働きかけ、いのちと暮らし、『こころ』をまもる運動をひろめ、つよめていこうではありませんか」（二一八頁）と呼びかけて論文を結んでいる。

日隈は、「宗教とはなにか」についても記述しているが、この点は別稿で検討する予定である。ただ、この結語に「『こころ』をまもる」と書いてある点に留意したい。また、前記の「政教分離」は正しくは〈宗国分離〉とすべきである。宗教と国家の癒着が問題なのである。

日隈は「あとがき」の冒頭で二〇〇四年に開かれた第二三回党大会での綱領改定によって、「『信教の自由を擁護し、政教分離の原則の徹底をはかる』という、これまでの党の基本的立場が、引き続いて確認されるとともに、とくに統一戦線の問題で、それは『世界観や歴史観、宗教的信条の違いをこえて、推進されなければならない』という、宗教者との共同の重要性が、明文化されたのである」（三六七頁）と確認する（傍点：村岡）。

そして、すぐに続けて改行して「これには、若干のいきさつがある」と傍点を付して強調する。「大会での『綱領改定の討論についての不破議長の結語』は、次のようにのべている」として、不破の発言を引用している。重引は避けるが、大会前の七中総では不破は「宗教者」は「統一戦線の構成勢力」ではないと答えたのに、全国的な討論を経て、新しく書き込むことになったというのである。

誰がどういう発言をしたのかは明示されていないが、態度変更を求める急先鋒が日隈であると推察できる叙述となっている。それはともかく、ここには二つの意味で重要な事実が示されている。宗教者を統一戦線の対象とするという重要な認識が新しくともかく確認された点と、もう一つは不破の不十分な認識が変更された（＝正された）という事実である。

綱領に新たな認識が書き加えられたのは、確かに大きな前進ではあるが、この「あとがき」の引用を注意して読むと、傍点部分にカッコが付いていない。私が重引を省略した不破発言には「宗教者との共同の重要性」を「明記する」と書いてある。だから、うっかりすると、綱領にもそう書いてあるのかと思ってしまうが、実は綱領には「宗教的信条」とは書いてあるが、「宗教者」という言葉は無い。だから、日隈は傍点部にカッコを付けられなかった。厳密に言えば、「宗教」と「宗教的信条」とは異なる。つまり綱領には「宗教」とも「宗教者」とも書かれていないのである。

共産党の宗教問題について基本的なことを要領よく教えてくれる点で、本書はきわめて有益であるが、不思議なことに、本書は「赤旗」では出版社の広告は掲載されたが、書評はおろかまったく触れられることなく黙殺されている。二八年間も、宗教委員会に務めた指導者の著作なのだから、幹部の著作を多く刊行している新日本出版社から出てもおかしくないのに、そうはならず、かつ「赤旗」で紹介すらされないのは、前記の「いきさつ」などが明らかにされることを嫌う意向があるということか。同時に、理論的能力の枯渇の現われでもある。

それだけではなく、日隈が丁寧にその意義を強調している、前記の「宗教決議」は、党史『日本共産党の八十年』ではわずかに三行だけ触れられているにすぎない。「中央委員会総会の決議『宗教についての日本共産党の見解と態度』」（二二八頁）と書いてあるが、「宗教決議」という、いわば格上げした表現もしていない（この表現は日隈だけ）。そして、今や「宗教決議」などを収録した『日本共産党と宗教問題』は絶版で党員すら入手困難である。

二〇一〇年に開かれた第二五回党大会では「宗教者」は、「大会決議」のなかでたった一度出てくるだけである。

こうして、共産党は宗教問題でかなり核心に接近したことはあるが、今ではその地点から大きく後退してしまった。

4　中間的むすび

本稿は見てのとおり戦前の宗教者の闘いを大本教と妹尾義郎に限ってしかもその外形を急いでなぞったにすぎない。本文でも断ったように、若くして没した田添鉄二を初めとするキリスト教徒の動向について論及できていない。

〈宗教とは何か〉といういわば理論的思想的レベルの考察にも届いていない。少し前に「社会主義像の刷新」の後半で「三　宗教的なものと社会変革との〈調和〉」と項目を立てて、「宗教が『人間の内面的世界の安心を求め』る志向性を不可欠とすることに留意するなら、はっきりと『宗教的なものと社会変革との〈調和〉』が可能であり、必要であると結論しなくてはならない(8)」と書いたが、さらに深めて考究したい。〈宗国分離〉の上で、〈宗政調和〉が必要である。

その一つのヒントが浄土真宗の宗祖・親鸞の書物ではなく生き方にありそうな気がする。敗戦直後から哲学者の梅本克己の問題提起を出発点にして「戦後主体性論争」が展開された。東大倫理学科で和辻哲郎に師事した梅本の卒業論文が一九三七年執筆の「親鸞における自然法爾の論理」であった。没後に著作集を刊行することになり、発掘されて第九巻の巻頭に納められた。著作集刊行の手伝いをしていた私は、そういう論文があることを知ったが、「じねんほうに」と読むのだと記憶しただけで関心をむけることはできなかった。ネコに小判である。梅本は、『知と行』という仏教雑誌に掲載した「親鸞について」の「追記」の中で、「当時〔一九四七年〕、仏教徒やキリスト教徒の中にも、真剣に社会科学としてのマルクス主義と結合しようという気持ちが見られた(9)」と書いていた。

今日なお根づよい影響を拡げている、法然の弟子・親鸞。彼らだけではないであろうが、辛苦に耐えて真実の道を歩まんとした求道者に多くの人びとが共鳴する。そういう人たちとの接点を内在的に深めることに、今日の閉塞状況を突破して社会主義への道を切り開く一つの有効な通路があるに違いない。そう気づいたからには、この難路に踏み出すことが、私の人生の次の課題である。

〈参考文献〉

- 伊藤栄蔵『大本教祖伝記　出口なお出口王仁三郎の生涯』天声社、二〇〇七年。
- 早瀬圭一『大本襲撃』毎日新聞社、二〇〇七年。
- 出口斎『神仙の人　出口日出麿』講談社、一九八九年。

・安丸良夫『出口なお』朝日新聞社、一九七七年。天皇制への態度など、出口なおと王仁三郎との相違と対立についても切開している。
・稲垣真美『仏陀を背負いて街頭へ』岩波新書、一九七四年。
・植木雅俊『仏教、本当の教え』中公新書、二〇一二年。
・市川白弦『仏教者の戦争責任』春秋社、一九七〇年。市川は、説明もなく軽率にも「一九四〇年妹尾は転向して下獄した」とは書くが、妹尾が共産党に入党したことには触れない。他方、稲垣はなぜか「仏教社会主義」とは書かない。妹尾の同志である林霊法が、一九三四年に「『仏教と社会主義』について書き、……宗教的社会主義でなく、社会主義的宗教の運動が生まれたことを強調している」(一四四頁)とは書いている。
・高橋和巳『邪宗門』朝日新聞社、一九六六年。
・日隈威徳『宗教とは何か――科学的社会主義の立場』本の泉社、二〇一〇年。

〈注〉

(1) 村岡到『悔いなき生き方は可能だ――社会主義がめざすもの』ロゴス、二〇〇七年。

(2) 常磐久朗論文、『日本共産党と宗教問題』新日本出版社、一九七九年、一四八頁。「赤旗」では「大本教など治安維持法違反で検挙された宗教団体関係者」とも書いている(四六頁)。

(3) 「少年よ大志を抱け」の名言で有名なウィリアム・クラーク博士が明治九年(一八七六年)に札幌農学校(のち北海道大学)の創立時に副校長(事実上の校長)として一年契約で赴任した。彼らはクエーカー教徒で、新渡戸はクラークが帰国した後に入学したが、強い影響を受けた。内村鑑三、矢内原忠雄、高木八尺、南原繁らも札幌農学校で影響を受けた。

(4) 宮本顕治『回想の人びと』新日本出版社、一九八五年、一九五頁。

(5) 『日本共産党の八十年』日本共産党中央委員会出版局、二〇〇三年、二二八、二二九頁。

(6) 宮本顕治論文、注(2)八六頁。宮本は妹尾義郎についても一言ふれている（八〇頁）。「国教分離」とも書いている（八一頁）。

(7) 不破哲三論文、注(2)一〇一頁。

(8) 村岡到「社会主義像の刷新」。村岡到編『歴史の教訓と社会主義』ロゴス、二〇一二年、二一〇頁。

(9) 梅本克己『唯物論と主体性』現代思潮社、一九六一年、三四九頁。

「一辺倒」に陥らぬように――仏教は教える

「一辺倒」という言葉は、肯定的用語ではなく、そうなってはいけないことを諭すものである。日本共産党の幹部であった蔵原惟人が『宗教その起源と役割』（新日本新書）で「仏教の論理には……マルクス主義に似たような弁証法的な思考方法がある」と書いたうえで、「カッチャーナよ、一切は有であるという者があるがこれは一つの辺であり、一切は無であるという者があるがこれは第二の辺である。カッチャーナよ、如来はこれらの二辺をすてて中（道）によって法を説く」と説明していた（八三～八四頁）。さらに別の論文では、「ここで『二辺をすてる』というのは、二辺を切り捨てるということではなく、いずれの辺にも執しないということであろう」と説明している（一五七頁）。「如来」については、「（真理を証得した者）」と補記している。

私が敬愛する哲学者梅本克己は一九六四年に著した『マルクス主義における思想と科学』（三一書房）で「否定面の理解をともなわぬ肯定が弱いものであるように、肯定面の理解をともなわぬ否定は弱い」。（一三〇頁）と書いていた。梅本には次のような一句もある。「抽象が威力あるものとなるのは、それが捨てられた大事なものの重さに支えられたときである」（三四七頁）

私は何度となくこれらの言葉を自戒を込めて引用した（同じことを、画家の岡本太郎は「三日月が美しいのは、欠けた部分に支えられているからである」とどこかで書いていた）。

親鸞を通して分かること

はじめに

前稿「戦前における宗教者の闘い」のむすびで「浄土真宗の宗祖・親鸞の書物ではなく生き方」に学ばなくてはならないと書いた（本書一一九頁）。振り返ると、二〇〇五年に「宗教と社会主義――ロシア革命での経験[1]」を書いた時に、私は宗教の重要さについて初めて気づいたが、主要課題として探究したことはなかった。そこに目を向ける前に為すべき課題が沢山あったからである。今年五月に編集・刊行した『歴史の教訓と社会主義』はこの数年間の努力の一つの到達点であるが、そこに収録した論文「社会主義像の刷新」の後半で「宗教と社会主義」について本格的に学ぶ必要性をさらに痛感したと記した[2]。

実ははるかに以前、一九八〇年に、私は「革命の土着性と国際主義[3]」という問題意識を示したことがあった。この年に、山田太一が脚本した「獅子の時代」――明治維新期の民衆の闘いも描かれた―

——がNHK大河ドラマで放映されたことにも影響を受け、「土着性」に注意を喚起されたからである。この時期には私は第四インターという新左翼党派に所属していたのだが、この党派は「世界革命」や「国際主義」を売り物にしていたので、その行き過ぎた強調への注意の意味が込められていた。

しかし、以後三二年間、私はとくに〈土着性〉に焦点を当てて勉強したことはなかった。「土着＝宗教」ではないし、日本の文化が親鸞ひとりに収斂・昇華されているはずはないが、親鸞を学ぶことは、この果たせなかった課題の一端を埋めることになるだろう。

1 親鸞から学ぶもの

周知のように親鸞は、平安時代の末期一一七三年に京都で中級貴族の子として生まれ、九歳のときに天台宗・比叡山に登り慈円の弟子となり、次いで法然（一一三三年～一二一二年）に学び、一二〇七年から越後に五年間流刑——流罪とは米と塩を一年間は与えられるが二年目からは自活する——となり、二〇年ほどを東国（関東地方）で過ごし、晩年は京都に戻り鎌倉時代の一二六二年に九〇歳で没した。歴史家の家永三郎が「およそ歴史上親鸞くらい有名であって、そして親鸞くらい伝記の明らかでない人物はなかろう」[4]と書いているくらいだから、親鸞がどういう人物かについては諸説が唱えられている。親鸞は「生前はほとんど無名の人であった」[5]。

あらかじめ断っておくが、親鸞を学ぶことになったとはいえ、私は「仏教社会主義」を唱えようというわけではさらさらない。すでに七〇年も前に、服部之総は、自分の研究は親鸞のなかに「『仏教社会主義』の日本的萌芽が秘められていたなどという絵空事に扉をひらくものではない」（A一五一頁）と注意していた。左翼のなかで親鸞を取りあげたり研究する例はほとんどないが、禅宗の家に生まれた、明治時代のキリスト教社会主義の先駆者木下尚江は、法然の七〇〇回忌に当る一九一一年（前年に大逆事件が起きた）に『法然と親鸞』を著わし、戦後には一九四八年に服部が『親鸞ノート』を発表し、一九五六年には日本共産党員の林田茂雄が『親鸞をけがす歎異抄』を刊行し、一九六一年に森龍吉が『親鸞その思想史』を刊行した。本稿でも服部と森からは多くを学ぶことになる。

A　親鸞の教え

親鸞が教えを受けたのは法然である。法然は比叡山の高僧であったが、野に下り、「専修念仏」――ただ阿弥陀仏を信じて念ずることによって浄土に救われる――を唱えた。浄土宗と言われている。「専修念仏」は、当時は「亡国の声」（森B一三九頁、二〇六頁）とされ、その危険性ゆえに既存の宗門と朝廷からにらまれ、「念仏禁止令」が度たび発令され、浄土宗は解散させられ、法然と親鸞らは流刑された。親鸞の教えは死後に拡がり、浄土真宗――一向宗とも言われている――の開祖とされることになった。服部之総によれば、「親鸞の流儀が含まれる広義の浄土宗は、親鸞の時代とひとしく蓮如の時代でも、日本を構成する諸階級と諸層の最上から最下にいたるあらゆる場所で、支配的な流行をみていた」（B七七頁）。浄土真宗は現在も日本最大の教団である（一〇〇〇万信徒と公称）。

はじめに確認しておきたいが、親鸞は今でもきわめて多くの人によってその教えが読まれ拡がっている。一九五〇年前後には、国民的作家吉川英治の『親鸞』（一九四八年）がベストセラーになり、それを原作にして一九六〇年には中村錦之助主役の映画「親鸞」も多くの観衆を集めた。今では作家五木寛之の『親鸞』や『親鸞　激動篇』がベストセラーに数え上げられている（小説なのでフィクションも混じるが、一読を薦める）。親鸞の主著とされている『歎異抄』（弟子の唯円が親鸞没後に編集）は数多くの解説書が刊行されている。マルクスの『共産党宣言』とどちらが発行部数が多いか比較した資料はないようだが、『歎異抄』がはるかに多いのではないだろうか（今では、大きな本屋に行くと、日本の宗教のコーナーは、社会主義やマルクスの書架の二〇倍以上も拡がっている）。

八〇〇年前の親鸞がなぜこれほどまでに人気があるだろうか。こう問えば、釈尊やキリストはもっと凄いということになるが、この問いの意味が消失するわけではない。何か深い〈真理〉が宿っていなければ、時代をはるかに超えて多くの人びとが関心や共鳴を憶えるはずはない。

親鸞の教えとは何か。「親鸞については『汗牛充棟』という忘れかけていた古い言葉が、そのままあてはまるほどかかれたものが多い」と、森龍吉が『親鸞　その思想史』の「あとがき」（二四五頁）を書き始めている。にわか勉強の私はそのごくごく一部を通読することしかできない。

親鸞の教えは、何よりも〈異端〉であった。何に対する異端なのか。この点は、森が鋭く明らかにしている。森は、浄土真宗の門徒の家に生まれた。服部の一五歳下で交友関係もあった。一九六一年に『親鸞その思想史』を著わした。森は、「はじめに」を、「彼〔親鸞〕の思想は、日本人が経験し、創造したところのもっとも革命的な意義をもつ思想だった」（一六頁）と結んでいる。何が革命的だったのか。「親鸞は、アニミズムやシャマニズムのような日本古来の呪術的な考え方を否定したのである」（一九頁）。例えば、祖先への尊崇や供養を不要だと説いた（『歎異抄』第五条）。森による、日本思想史のなかに親鸞を位置づけて把握する視点と研究からは深く学ばなくてはならないが、今はその余裕はなく、この異端性のゆえに宗門からも朝廷からも「亡国の声」として迫害されたことだけを確認しておきたい。求道者・親鸞は「非僧非俗」――「不僧不俗」を言い換えた（森B一二三頁）――と自称し、よく知られているように妻帯していた。今ではどの宗派の僧も妻帯しているが、森によれば「一宗の開祖と仰がれた人物のなかで、……公然と妻帯したのは親鸞だけである」（B八四頁）。それだけで「異端」視されるに十分である。法然は、妻帯を許容したが、自身はそうしなかった。

また、誰もが指摘しているように、親鸞は自分の徒党を作ろうとはしなかった。『歎異抄』第六条には「親鸞は弟子一人ももたずさふらふ」と書かれている。森は、「親鸞には一宗を立教開宗する意志は生涯を通じて一度もなかった」（A一四頁）と明らかにしている。木下尚江は、「法然が寺を建てるなと遺言し、親鸞が我が屍体を川に捨てよと言い残した」（三六四頁）ことを重く取りあげた。人びとが法然の墳墓を建て、「我が師を化石の偶像と辱めて仕舞った。是を見て悲嘆の胸を痛めた」親鸞だから、こう言い残したのだ、と木下は推測した。

また、親鸞は実に発想が自由で、漢文の特徴を活かしてまったく新しい訓読を示したり、創語をなしている。

何を主要に説いたのかについては、浄土真宗高田派の住職でもある北島義信が適切に解説している。北島によれば、「親鸞の思想の特徴」は次の三点である。「その第一点は、『現生正定聚《しょうじょうじゅ》』論である。これは、他力の信心を得た者は現世において『往生』を得るという思想である」（B二三六頁）。「第二点は、政治権力（現世権力）の相対化の視点である」（B二三七頁）。「第三点は、平等主義である」（同）。

第一点の「現生正定聚」論とは、法然が「専修念仏」を説くまでは、浄土は現世にではなく、死後の世界であり、死んだ後に辿りつけるものと想念されていたのとまったく逆に、この現世において救われるという点で、決定的な転換を意味している。ただし「他力」とは何かはきわめて難解である。五木には『他力』とタイトルされた著作がある。

第二点については、よく引用される『教行信証』の「化身土文類」のなかの「出家の法は、国王に向かいて礼拝せず……」を引いているが、この点については後述する。

私は、なかでも第三点の〈平等〉こそが核心をなしていると考える。五木をはじめ多くの人がそこに焦点を当てている。私は、一〇年前に「平等こそ社会主義正義論の核心」を発表して〈平等〉の核心的重要性を明らかにした。そこでは梅原猛などに学んでごく簡単に仏教において平等が重視されていることに言及したが、親鸞の名をあげることさえできなかった（一二六頁）。

親鸞が〈平等〉をきわめて強く説いたことは、『歎異抄』の第一条にくっきりと示されている。そこには「弥陀の本願には、老少善悪のひとをえらばれず、ただ信心を要とするべし」と説かれている。ここには「平等」の文字はないが、梅原の『歎異抄』では〈現代語訳〉でこの部分は「阿弥陀さまの衆生救済の願いはすべて平等であり」（一七頁）となっている。森は、加藤周一を引きながら「親鸞は日本思想史に、未曾有の徹底した超越思想の平等観を樹立し」（B二〇八頁）たと高く評価している。

五木も「平等」に強く焦点を当てている。『蓮如』では、「親鸞の同朋主義、仏の前にはすべて人間はみな平等である、という思想は、それらの人びと（当時としては偏見の目で見られていた底辺の人びと）にとって闇を照らす光明のように魅力的に感じられたにちがいありません」（九一頁）と明らかにしている（九四頁、一二七頁、一四六頁、一五八頁も参照）。

印象ふかい例を一つだけあげておこう。法然は、流刑中の土佐で遊女が自分も浄土にいけるのかと問うたとき、「できることならそういう生活はやめたほうがよい、……やめることができないのなら、そのままの生活をつづけながら念仏を唱えなさい、〔そうすれば〕必ずあなたは救われるでしょう」（一一二頁）と諭した。この「感動的なエピソード」を記した五木が明らかにしているように、当時は女性は誰でも汚れたものとして蔑まれていたのである。その常識のなかで、法然の答えはまさに異端の言説であった。「法然が世間から危険視され、当時の権力から流罪に処せられた理由の一端」（同）もそこにあった。仏の前では平等であることが、かくもくっきりと貫かれていたのである。

だが、ここで注意すべきことがある。なぜ、法然は「売春禁止」と主張しなかったのか、「やめることができないのなら」では生ぬるいという反発が起きるかも知れないからである。そういう反発は見当違いである。当時は、「売春反対闘争に立ち上がれ」と檄を放つ条件は成熟していなかった。そういう条件が無い状況のなかにこの遊女も法然も生きている。森が明確にしているように、「親鸞の獲得した宗教的救済が、底辺の民衆の現実的解放を意味するものでないことはいうまでもなかろう」が、「『窮通の歓喜』をよびおこす精神的解放」（B一三九頁）につながったことは確実である。やがて、人類はこの区別を超克する道を歩むが、今はまだ「現実的解放」と「精神的解放」の区別が重い意味を持っていたのである（六〇〇年後にドイツで、マルクスは「ユダヤ人問題によせて」で宗教からの「政治的解放」と「人間的解放」の違いを問題とした）。[6]

もともと「仏の前では平等である」という教えは、二五〇〇年前に遠くインドで釈尊が説いた。カースト制が厳しいインドではほとんど受容されなかったが、この教えは、ヨーロッパでの「法の前での平等」とも通底する、人類普遍のロゴスと言うべきである。多くの親鸞本のなかで「法の前での平等」についての言及が欠落しているのは大きな問題である。学問の蛸壺化の弊害である。

親鸞と言えば、条件反射的に「悪人正機」説が想起される習わしになっているので、少し触れておこう。普通の人は、悪人が救われるのなら、まして善人は救われると考えがちであるが、親鸞はまったく逆に「善人なをもて往生をとぐ、いはんや悪人をや」と主張した。『歎異抄』第三条である。人間は誰もが生まれながらにして「悪人」なのだという悟りに踏まえた、この見事な逆説は、多くの人によってそこに親鸞の真髄があると説明されている。だが、五木は「親鸞の悪人正機の思想には、人の意表をつく詩的なひらめきがあります」（A一五〇頁）と評したうえで、つづけて、多くの人が「さまざまな解説をしていますが、本当になるほど！と膝を叩いて納得できたことが私にはありません」と書いている。

服部は、「親鸞が強調し、本願寺が後代まで教義の特色とする凡夫往生と悪人正機の思想的出発点」として、法然の「主著『選択本願念仏集』のなか〔の〕阿陀本願の救済対象を論じ」（A四四頁）た文章を引いている。

「悪人正機」説については、山折哲雄が『教行信証』と『歎異抄』との相違点を指摘している。山折は、『教行信証』の核心を「父殺しが救われるためには、『善知識』と『懺悔』の二条件が決定的に重要である」（一五二頁）という自覚に探り当て、そこが「親鸞における『悪人正機』の核心である」（一五二頁）と評価する。「善知識」とは善なる教師・指導者の意味である。この認識に立つと、『教行信証』と『歎異抄』では「悪人正機」説に「根本的な認識において乖離」があると気づくことになる。『歎異抄』では、前記の二条件が欠落しているからである。この指摘は鋭く正しい解釈だと言える。

親鸞にとっては、阿弥陀仏を信じて念仏することこそがもっとも重要で大切なことなのであり、そのことを抜きにして悪人が救われると考えることはできない。親鸞の周辺からも「悪人こそが救われるのなら、悪行を重ねたほうがよい」という主張——「造悪無碍《げ》」（いくら悪行を重ねた人でも浄土に行げにはならない）——が広く生じたが、誤解と断じるほかない。どんな悪行を重ねても往生の妨きたいと念じるなら救われるというのが本意ではないだろうか。そして本来、人間はそう願うものであり、その願いは阿弥陀仏から与えられるものと理解することを〈他力〉と考えたのではないであろうか。その場合、善人よりも悪人のほうを阿弥陀仏は救うのだと、親鸞は説いた。

梅原が『歎異抄（全訳注）』で強調する、親鸞の「逆説」「パラドックス」（二六〇頁など）にはまり込むよりも、山折が指摘する『教行信証』の「三条件」のほうを重視したほうがよいと、私は考える。なお、森は、「階級的な対立と相克のなかで、生きること、喪失させられた人間性を回復しようとする努力、それらはひとしく『悪』とよばれている」と考えれば、「じつはパラドックスではない」（B一九五頁）と解釈しているが、少し読み込みすぎではないだろうか。親鸞の教えは平等への希求を基礎づけたに違いないが、親鸞は「階級的な対立」を明確に意識したわけではなく、「支配への抵抗」を説いてはいない。土一揆や一向一揆が激しく展開されるには二〇〇年の歳月を経なくてはならなかった。

なお別の論点――異端排除について――についてではあるが、山折は「唯円は『歎異抄』という作品において、もしかすると師・親鸞の信心のあり方を裏切っているかもしれないのである」（九二頁）とまで書いている。山折は、異説を厳しく批判・排除する唯円とは対照的に、親鸞の場合には自説への異論についても「面々の御はからひなり」（『歎異抄』第二条）つまり、各自が信じる道を歩めと教えている、という点にこそ光を当てている。この点は、私自身が一九七〇年代初めに新左翼の内ゲバを体験した――片足を骨折した程度であるが――ので身にしみて感じるところがある。親鸞の態度を幾分なりとも理解していれば、悲惨な内ゲバにブレーキをかけることができたであろう。

その意味でもこれも大切な論点であるが、他方で誰もが触れているように、親鸞は晩年に息子の善鸞を義絶している（後述）。山折はこのことについては、たった一言「ついに親鸞は実子の善鸞を義絶する」（八六頁）と書いているだけで、その意味に論及しないのはバランスを欠いている。

親鸞の教えとしては、他にも「信」「還相廻向」「自然法爾《に》」がよく問題にされている。五木は先日の講演会(7)でも「信じる」ことがいかにして可能なのかを〈希望〉と重ねながら強調していた。どれも深い理解を必要とするのであろうが、親鸞をかじったばかりの私には触れることもできない。

次項に移る前に、蓮如についても触れておこう。本願寺教団を組織した覚如（親鸞の孫）とともに蓮如の活動がなければ、親鸞が後年、これほどまでに有名になることはなかったからである。蓮如は、室町時代の一四一五年に京都で浄土真宗本願寺の第七代法主《ほっす》の長男として生まれた。母は賤しい身分の女性で、蓮如が少年時代に離別した。名著『蓮如』で五木寛之が説明しているように、「真宗王国」と言われる北陸地方は別として世間でそれほど知られてはいない。蓮如は、親鸞の二五〇年後に親鸞の教えを広く民衆に伝えた。四三歳の時に本願寺の第八代法主になり、本願寺「中興の祖」と言われている。なお、蓮如は四人の妻妾に二七人の子どもを産ませている。「本願寺の記録は四人の母を生涯がダブらぬように配置している」（A一七九頁）が、それは「医学的にも統計学にも考えられない」と服部之総は指摘している。最後の子どもは死没の前年八四歳というから驚きである。

B　親鸞の生活と親鸞が対面した人びと

親鸞の教えの内実がどのようなものであったのかを明らかにすることも重要だが、もう一つ絶対に忘れてはならないことがある。その親鸞がどういう生活を送り、どういう環境のなかでそれらの教えを体得し説いたのかについてしっかりと認識しなくてはいけない。もし物理や数学の難問の解答であれば、解答者の素性や生活環境を探ることにさしたる意味があるとは誰も考えない。だが、親鸞の教えは、人間が生きることの意味を探る難問への解答であるがゆえに、どういう生き様の人間が、どういう環境のなかで発した言葉なのかが、不可欠の要点となる。この違いは、抽象的には宗教と自然科学との相違でもある。自然科学者の伝記本も少なくないが、自然科学上の真理との関係で論述されることはない。

とはいえ、写真すらなくパソコンに記録が残っているわけではない時代のことゆえに、文献の時代考証すら難儀であり、克明に再現することはできないが、大ざっぱに言えば、時の権力による弾圧と迫害、何度かの妻との生活とその困窮、に抗して「非僧非俗」を貫いたこと、流罪の地で粗食に耐え、額に汗して農作業に精をだす日々を重ねてもいたことを忘れてはいけない。親鸞は底辺の民衆の一人でもあった。言うまでもなく、底辺の民衆の生活は貧困と一体化している。親鸞もまた托鉢で糧を得て生を保ち、寺の一つももっていなかった。晩年には何の財産もなく、自分の娘を奉公に身売りするほどであった（身売りしたのが、娘か自分の下人かで論争がある）。蓮如については、五木が「家族がひとり分の汁を水で割って三人ですする」（A三一頁）極貧の生活や「冬の夜に赤ん坊のおむつを冷たい水で洗濯」（A三九頁）する姿を想い描いている。ついでながら、蓮如は法主になった後も、「平座に向かい合っての話し合い、門徒と同じものを食い、……衣も黒衣さえ禁じて、普段着のねずみ色とし、後代本願寺法主のきらびやかな『緋の衣』などは思いもかけぬほど庶民的であった」（森A八九頁）。

森龍吉は、親鸞の肖像を「私には彼〔親鸞〕が肥桶をかついだような顔つきにみえる」と書いた松野純孝を引き、「服部之総はそのまえに、その容貌と手は農民のものだと見抜いていた」（B一二六頁）と書いている。森は「だが、戦前にだれもそうは言わなかった。見ればわかるはずなのに」と言葉をつづけている。この点を見過ごして、あるいは留意することなく「還相廻向」などという難解な教義に悩み「最後の親鸞」がよいなどと詮索しても大した意味はない。

私事を書くことを許してもらうと、私の遠い記憶には、九世紀初めに「蝦夷征伐」に向かった坂上田村麻呂が持参していた千手観音から付けられたという、新潟県の寒村千手村の借家に疎開して父母兄姉家族一〇人で住んでいた一九五〇年代初めのころ、碁盤とか掛け軸が売られて持ち去られる寂しい風景が焼き付いている。その一〇年後に高校を卒業して、一九六三年に上京した直後は三帖一間のアパートで生活していた。〈原点〉というほど大げさなことではないが、この機会に記しておきたい。

さらにもう一つ留意すべきことがある。この親鸞の教えは誰に向けられていたのか、である。すでに触れているが、改めて取りあげよう。親鸞の教えは、どういう状況のなかで誰に向かって説かれたのであろうか。この点をはっきりさせることも極めて重要である。

当時の京都は、平安時代の末期で公家による支配体制が崩れ、武士による支配体制が台頭し始め、源平の争乱が続き、一一八六年に鎌倉幕府が開かれた。さらに飢饉に度重ねて襲われ多くの人命が奪われた。森は、僧侶であった鴨長明の『方丈記』（法然や親鸞が流刑に処せられた五年後に刊行）を引いて、餓死者が「四万二三〇〇余り」（B四九頁）となったと書いている。当時の京都の人口がどのくらいかは分からないが、まさに死屍累々である。森は、「当時の人口（千数百万ぐらいか）」（B一四五頁）と推定している。南北朝を経て室町時代となり、土一揆や一向一揆が続発し、一四六七年には応仁の乱が起きる。この蓮如の時代には「寛正の大飢饉で八万人以上の餓死者を出したと言われています」（五木B二三一頁）。「蓮如が生きた一五世紀という時代は、戦乱、飢餓、暴動、疫病などが頻発し、底なし沼のような無常観が人々の心にうごめいている時代でした」（同二四六頁）。

犬が人間の死体に食らいつき、腐臭が街を覆っていた。まさに絶望しかない状況であった。誰もが地獄を差し迫った観念として感得していた。そういう絶望しかないような状況のなかで、法然や親鸞は仏教の教えを説いていた。二一世紀の現在では「地獄」と聞いてもほとんど実感はない。私は「ウソをつくと地獄の閻魔さまに舌を抜かれる」と教えられたことはあるが、自分の娘にそういう説教をしたことはない。テレビも映画さえもない時代に人びとはお寺で恐ろしい地獄の絵を見せられて、喜捨したり善行を積まなければ浄土には救われないと、僧侶の説法を聞かされたのである。

貧しいだけではない。識字率がどの程度が調べる術もないが、森が明らかにしているように、親鸞に耳を傾けたのは「よしあしの文字もしらぬひと」びとだったのであり、「最底辺の民衆」は「概念にとらわれるほどの教養ももちあわさぬ、ただ生活の実感のなかで真実を発見するよりほか」（B一三五頁）ない存在であった。だから、当時の農民は「一揆するすべを知っていない。逃亡するのがせいぜいの反抗であった」（B一一六頁）。彼らは「およそこの地上において永遠に解放される条件とその見透しをもちえなかった」（服部A三七頁）のである。それから二五〇年、「蓮如の時代にいたれば、現実の武器をとって決起」（服部A一一七頁）することになるが、当時はまだそこまで歴史は発達していない。この救いのない人びととは社会階層から見れば、農民と女性である。そのことについては、服部が強調している。農民といっても自分でわずかな自分の土地を耕すものと、牛馬にも等しいそれ以下の階層（下人など）も存在していた。

この救いのない人びとにとって、法然や親鸞の教えは〈救い〉となった。北島が対比して明らかにしているように、ただ嘆くだけの長明とは違って、法然と親鸞は救いの道を提示した。前記の北島による「第一点」の通りである。

この時代状況の深刻さ、べつに言えば今日との相違については、服部が鋭く明らかにしている。服部は『親鸞ノート』で「画時代的な距離」（四七頁）と指摘している。この「画時代的な距離」が何を意味するかについては、第3節で明らかになる。

こうして親鸞の教えは最底辺の民衆を救う一条の光となったが、雑誌もテレビもない時代だから、その教えが届く範囲は初めは親鸞が托鉢し説教する行動半径に限られていたであろう。やがて弟子が増え、人づてに教えは拡がってゆく。この伝播の手段として大きな役割を果たしたのが、浄土真宗の教団であり、その寺である。最大の寺が言うまでもなく京都の本願寺である。本願寺は一二七二年に建立され、本願寺教団を大きく組織したのは、親鸞の孫に当たる覚如である。そして一五世紀半ばに蓮如が一向一揆の地・北陸に親鸞の教えを拡げた。彼らの積極的な布教活動がなければ、無名だった親鸞の教えがこれほど広範に日本に拡がることはなかった。その意味で、覚如や蓮如などの努力は高く評価されなくてはならない。本願寺が日本史で果たした大きな役割については、森が『本願寺』で詳細に明らかにしている。

だが、裏のない表はありえない。「三日月が美しいのは、欠けた部分に支えられているからである」――この言葉は画家の岡本太郎がどこかに書いていた。寒夜に空を仰いでふと思い出すことがある。哲学が好みだという人にはこんな言葉もある。「抽象が威力あるものとなるのは、それが捨てられた大事なものの重さに支えられたときである」（本書、一二二頁）――これは私が敬愛する梅本克己からである。

この視点から見ると、「真俗二諦」論を検討することが必要となる。節を改めよう。

2 「真俗二諦」論の罪功

「真俗二諦」論とは何か。「諦《てい》観」は普通には諦めと理解されているが、「たいかん」と読むと、『広辞苑』には「明らかに真理を観察すること」と説明してある。五木寛之は「諦める、というのは、……言葉の本来の意味、『明らかに究める』、勇気を持って現実を直視する、ということでしょう」（B九一頁）と書いている。北島義信は「真俗二諦論は、精神的・宗教的世界と社会的政治的世界の分割を行い、前者に関する認識を真諦と呼び、後者に関する認識を俗諦と呼ぶ」（B八九頁）と説明している。分かりやすく言えば、この世は真実の世界と俗世間とに二分されていて、異なる原則が貫かれているという考え方である。真実の宗教の世界と、俗悪にまみれた政治の世界とを黒白に二分すると考える。そう考えると、仏の前での平等と天皇を頂点にいただく政治の秩序とが両立してもよいことになる。時の政治的権威・権力との共存が可能となる。時代ははるかに現在に近づくが、この考え方を採用することによって、浄土真宗教団は、明治維新になると「教団の体制を明治政府の体制に吻合《ふん》させ、皇室との通婚をはかって伝統の貴族化を再成する」（森A一七頁）。そして、天皇制に基づく日本帝国主義の戦争に全面的に協力することとなった。この戦争協力の根本に据えられたのが、「真俗二諦」論である。したがって、深刻な総括が求められることになる。

この問題は、服部之総が敗戦直後に鋭く明らかにしていた。森龍吉が評しているように、服部は「宗門に生まれたもののみが味わう、代々の悩みと苦しみという歴史的な重量感を体験のなかに受け止め」（B二三八頁）、「『俗流化された真俗二諦の諦観の座』に安住することを許せなかった」（同）。服部は、仏の前での平等を強調し、政治的権威に随順することを拒否する親鸞が「真俗二諦」論を説くはずがないと明らかにする。「真俗二諦」論を親鸞の教えだとする者が典拠とする親鸞の『御消息集』に書いてある一句について、通説を超える理解を示す。

問題の一句は「念仏まふさん人々は、……朝家の御ため、国民のために、念仏をまふしあはせたまひさふらはば、めでたふさふらふべし」というもので、現在の日常語ではない。森によれば「この一節は、親鸞の護国思想をしめす唯一のあかしとして、ことに戦前の軍国主義ファシズムのたけりくるうなかで、本願寺や教団の人びとによって強調された箇所であった」（B二一〇五頁）。すぐにつづけて森は明らかにする。

「この点を戦後、もっともきびしく突いたのは、服部之総の『親鸞ノート』におさめられた「いわゆる護国思想について」（一九四八年）の論文だった」。この論文について、森は、「親鸞を日本思想史のうえに位置づけてみる、最初の科学的な本格的試み」（B二四〇頁）と高く評した。

服部は、この論文で友人でもあった哲学者の三木清を取りあげ、先の通常の解釈を踏襲していた三木を批判した。服部はこの一句を「内容的には反語である」（A三九頁）として三木らの伝統的解釈を退ける。そして、『御消息集』のこの文章は「普通に解釈されているがごとき『王法為本』の思想を表明したものではなく、実に〔正反対の〕『信心為本』の思想を吐露せるものであった」と結論する。したがって、さらに通説として説かれている「浄土真宗の教義は、親鸞を祖述しているけれども親鸞を歪曲していると思われる」（A四〇頁）と論断する。

「王法為本」などと言われても何のことかすぐには理解できないが、「王法」とは今の言葉では「政治」を意味する。「為本」とは基本を為すと理解すればよい。森は次のように説明している。「王法為本」とは、「真宗の信仰と思想は、国家性を基礎としているという考えで、蓮如いらい、本願寺教団の根本思想となった」。逆に「信心為本」とは「真宗の信仰と思想は、個人の『信心』を唯一の基礎とする考え」（B二一〇五頁）である。

この点で、前に触れたわが子善鸞の義絶が深く関連することになる。経過を説明する余裕はないが、親鸞が京都に戻ったあと、東国に派遣された善鸞は、逸脱した振る舞いを犯すようになり、義絶された。森によれば、善鸞は「在地支配者と結託して……民衆を惑わせ」、「在地支配者の庇護を強縁として民衆に臨んでいる姿は、父の親鸞が生涯をかけて否定しとおした呪術と権力の道へ傾いて、正信の徒の弾圧を助けていた」（B一五八頁）。かくて、親鸞は善鸞を義絶した。その真意は、服部によれば「信心為本」を貫くための決断だった。服部は、論文「いわゆる護国思想について」を「王法為本」という「背理への進行と闘うためにかれ〔親鸞〕は、わが子善鸞をあえて勘当したのであり、善鸞勘当をクライマックスとする宗教的真理――信心為本――のためのたたかい」（A一五二頁）と確認して、結んでいる。親鸞最晩年のこの決断と貫徹に触れずして、親鸞を語ることは許されない。先に、山折が善鸞の義絶についてわずかに一言だけしか触れないことに注意を喚起しておいたが、すでにその真意を理解することは容易いだろう。場違いながら、私は善鸞の義絶に接して、高校生のころに観た、ウィリアム・ワイラー監督の西部劇「大いなる西部」（一九五八年）を想起した。決闘にさいして卑怯な振る舞いを犯す息子を父親が射殺する場面に感動して涙したことをはっきりと記憶している。親子の情よりも正義を貫くことのほうがはるかに大切なのである。

服部は、この「『王法為本』を祖師〔親鸞〕に押しつけたのは覚如であり蓮如であって、親鸞の教義にはない。王法為本はかえって比叡山のまたは南都の旧教団の合言葉であり、よってもって寺領荘園制の地上的な基礎が護持されたのである。親鸞は寺をも寺領をも否定した」（A六五頁）と明らかにした。さらに「親鸞を歪曲して著しい点は、親鸞における徹底せる神祇《じんぎ》不拝の思想を、覚如が本地垂迹説を採用しつつ妥協的に緩和した点にある」（A四一頁）とえぐりだした。「祇」とは地の神のことで、「神祇不拝」とは天地の神を拝まないの意味である。本地垂迹説とは神道と仏教を両立させるために、奈良時代から始まっていた神仏習合を合理化した理論である。

さらに、戦時中には浄土真宗教団は、覚如が書いた『聖人親鸞伝絵』を説く際に、「主上臣下。法ニ背キ義ニ違シ。忿ヲ成シ怨ヲ結フ」以下の一句を「読むことを禁止」していた、と服部が「愚やきわまる」と鋭く糾弾していた。(8)この一句は『教行信証』の「後序」で親鸞が自分たちへの弾圧について書いた文章を覚如が転載した部分で、「主上」とは天皇のことで、天皇も臣下も法に背き、道理に反して怒りと恨みをもって、自分たちを冤罪に処したのだという主張である。つまり極度の「不敬」を意味するから、隠蔽したのである。

北島は、もう一つ、「親鸞が『真俗二諦』論を退け」る論拠を上げている。すでに引用した『教行信証』の一句――「国王に向かひて礼拝せず」（A九四頁）――である。

この節の本筋とはズレるが、この一句のすぐ後には「父母に向かひて礼拝せず」とあり、こっちは、『歎異抄』第五条にある「親鸞は、父母の孝養のためとて、一返にても念仏まうしたること、いまださふらはず」と合致する。ところが、『歎異抄』には「国王に向かひて礼拝せず」は第五条だけでなく、どこにも記載されていない。前節で、山折が、『教行信証』と『歎異抄』との相違を問題にしていると紹介したが、この違いのほうが大きな意味を持つ、と私は考える。

もう一つ。前記のようにはっきりと服部説を踏襲している森が、自身が編集した『親鸞はいかに生きたか』（一九七〇年）という座談集のなかで、この問題について、「真俗二諦」の四文字もなく、服部の名前すら上げずに、両論ありで済ませている（千葉乗隆）のは残念である。また、他の論点では多く発言している梅原猛はこの点についてはまったく発言していない（C三一六頁〜三二三頁）。この論点については、この七人の座談（司会は森）は、現実と遊離したおしゃべりに堕している。論述を戻そう。

先駆的には服部が、最近では北島が明らかにしているように、「真俗二諦」論は明らかに、親鸞の教えに背馳する重大な誤りであった。親鸞の教えに惹かれ共鳴する人は、決してこの負の側面、裏面を忘れてはならない。梅本克己が注意しているように、「否定面の理解をともなわぬ肯定は弱い」(9)からである。

さらに大きな問題が提起されていると考えられる。

服部は前記の引用にすぐに続けて、そこには「必然的にあるズレをもたざるをえない。教団は一つの政治であり、信仰の純一をもって割り切れないものを含むからである」（A四〇頁）と書き、北島は本節初めの引用につづけて、「この考え方の最大の問題点は、宗教を精神世界のみに限定し、社会政治の問題には宗教は批判を行わないという点である」（A八九頁）と批判する。

この二人の先達の理解には微妙なズレがある。ともに「真俗二諦」論を謬論だと批判しながらも、服部はあれだけ鋭く通説に批判を加えながら、政治と宗教には「ズレ」がある、「割り切れないものを含む」と考え、他方、北島は宗教が政治の問題にも批判を加えるべきだと主張する。服部が指摘する「ズレ」については、覚如と親鸞とを例に、梅原猛が、「純粋な信仰と、教団設立という政治的理性〔政治的打算、のほうが適切〕との根本的対立があるのではないかと思う」（A六七頁）と、『歎異抄』第一一条に関連させて書いている。「ズレ」は「根本的対立」にまで拡大されている。

政治と宗教との関係をどのように理解することが妥当・正解なのか、さらなる探究が求められている。

さらに、ここには、当初は異端として生まれた或る教えが大衆を捉え、広く大衆化するなかで、初発の異端の鋭い牙がその鋭意を和らげられ、やがて忘却・棄却される歴史の慣性・陥穽を見ることができる。もし、事がそれだけに終始したのであれば、その教えは風化し消滅するが、真理を深く宿している場合には、その変質・堕落にもかかわらず、今度はまた逆転が起きる。歴史に足跡を残すほどの教えは大抵はただ一つの教条としてではなく、いくつかの重要な柱となる教義によって構成されているから、堕落した教条に代えて別の教義が復活することが可能だからである。

事実、問題としてきた「真俗二諦」論については、遅きに失したとはいえ浄土真宗のなかから反省が起き、自己批判が公けにされた。北島が『親鸞復興』で明らかにしているように、浄土真宗本願寺派は、一九九一年二月に宗会決議を上げ、戦争加担を懺悔し「教学的にも真俗二諦論を巧みに利用することによって、浄土真宗の本質を見失わせた」（A八八頁）と明らかにした。その一年前には浄土真宗大谷派が同様の懺悔を明らかにした。この経過を明らかにすることも興味ある課題であるが、ここでは指摘しかできない。

私は、「真俗二諦」論については、功罪の罪のほうが大きいと判断すべきだと考えるので、この節を「功罪」としないで、〈罪功〉と表現することにした。

こう言うと、「真俗二諦」論のどこに「功」があるのか。あるのはただ「罪」だけではないかという反論を招きそうであるが、そうではない。「真俗二諦」論を一つの有力なテコとして親鸞の教えが拡がり、親鸞の名が広く記憶に残るようになったことは大きな「功」である。さらにこの歪曲が広く流布されたがゆえに、その否定には大きな決然とした勇気を必要とすることになった。ということは、その否定を説く者の気迫は聞く人に常ならぬ印象を与えることになる。誤謬の深さゆえに、そこを突き抜ける〈異端〉＝実は真実の主張に迫真の重みを加える。『歎異抄』ではお布施の額の大小を問題にしてはならないと説いている（第一八条）のに、お布施の額の大小によって臨終に際して出会う仏の大きさが異なると説く、覚如いらいの浄土真宗教団の現状に対して、蓮如が「それは親鸞の教えではない」と一人決然と立上がったのもその一例である。そして、そう説いた蓮如もまた「真俗二諦」論に関しては誤っていたと、服部が明らかにした。服部の提起を森はしっかりと受け止めた。私たちもその後に続かなくてはならない。

もし覚如や蓮如が親鸞の名を捨てて、自分を新しい宗派の開祖にしたのであれば、この逆転は起きようがない。親鸞は歴史のゴミ箱の底に沈むだけである。

『広辞苑』などの通説によれば、『歎異抄』の最後に蓮如が付した一文を根拠に蓮如は『歎異抄』を「禁書にした」と理解されている。だが、五木は、同じような文言は法然の『選択本願念仏集』にも書かれていることを根拠にこの通説を否定している（D四七頁）。信心のないものにはみだりに見せてはならないという意味だと理解する五木説のほうが妥当だと考える。もし、通説に従うなら、つぎのような推測も成り立つ。

覚如や蓮如は本願寺の土蔵で『歎異抄』を読んでそこに「危険な」教義——前記の第一八条など——が書かれていることに気づき、恐らく深く感じることがあったに違いないが、他の者には読ませないように秘匿した。だが、それでも焼却処分はしなかった。いずれ世に出ることがあると想念したのかどうかは知る由もないが、彼らが親鸞の名の下に布教していたがゆえに、後世の人びとは親鸞の名を尊び、やがて『歎異抄』の存在も知ることになった。不思議なりゆきと評する以外にないが、親鸞ならば、それこそが阿弥陀仏のはからいであり、「他力」なのだと静かに語るであろう。五木説を取ったとしても、ドラマチックの程度は減ずるが、混濁や後退を経ても真理は再現するという逆説が成り立つことに変わりはない。

ここで、『親鸞をけがす歎異抄』なる刺激的なタイトルの著作を著わした林田茂雄の見解について触れておきたい。林田は、一九五〇年代に日本共産党が非合法化された時期に機関紙「赤旗」の非合法発行に従事したこともある。森は、「『転向』を拒否したマルキスト」（森B二三四頁）と紹介している。林田は、八一年に再刊した『親鸞の思想と生涯——親鸞をけがす歎異抄』では、冒頭で「『歎異抄』こそ、親鸞の思想と信心を低俗な迷信念仏にすりかえてしまった最悪の原典なのである」（四頁）と激しく糾弾する。森は具体的内容には触れずに、「林田茂雄氏が『親鸞をけがす歎異抄』でめざとく発見している」（B一六三頁）と書いていた。だが、どういうわけか、服部之総を肯定的に参照する箇所もあるが、「真俗二諦」論にはまったく触れない。また、親鸞が農民を相手に「年貢」の不当性を説いたという自説を「正確な諸文献の内容を体系的にふまえた上での、『門弟たちとの間でかわされたであろう会話』の『再現』という形」（八〇頁）で七頁も書いているが、参照文献が一つも上げられていない。この引用の前半にはわざわざ傍点まで付けているが、実証性が欠如している。「紙数の制約による止むなき便法」（同）では済まされない。だから、「悪人正気」論についての解釈では親鸞には「直感があったらしい」とか「実質的には……」（一一〇頁）としか書けない。これでは説得性に欠けるというしかない。

柄にもなく親鸞を学ぶことになったが、その勉強を通して、人間理解に何を加えることができたのであろうか。

3　今日の問題

A　人間と歴史をどう捉えるか

閉塞感のみが深まる今日、人間をどのように理解することが求められているのであろうか。歴史をどのように理解するかとも言える。人間の営為を時間軸にそって捉えたのが歴史だからである（横軸で捉えれば社会となる）。

親鸞から学ぶことができるのは、何よりも人間は誰もが罪を背負って生きているという人生観である。『歎異抄』第一条に「罪悪深重、煩悩熾盛《ぼんなうしじやう》の衆生」とあり、第九条に「煩悩具足の凡夫」とある。五木寛之は「罪業深重《ざいごうじんじゅう》の凡夫」が「親鸞の人間観の土台です」（D二二頁）と説明している。しかも真面目に生きることをどこかで願っている。神や仏を登場させるかどうかは、私にとってはあえて言えば二次的な問題であるが、そういう定めを背負って生きているということは、人間はみな平等であるべきだということになる。人間は手をつないで協力して生きていくほかに道はないからである。そのためには、何事にせよ、共通の理解を拡げることが必要で大切である。七年前に私は『社会主義はなぜ大切か』で、聖書の「初めに言葉があった」を引きながら、「言葉を獲得することによって、人間は人間となった。言葉は理解のための手段なのである」（三八頁）と書いた。時に叫ばざるを得ない苦境に陥ることがあるにしても、なるべく分かりやすく話し書くほうがよい。だから新奇で難解な語彙や言い回しを好むことは止めるべきである。新境地を拓き啓蒙するために、親鸞が「非僧非俗」と創語したように、新しい言葉を創り出す必要に直面することもあるが、仲間内だけの符丁（ジャルゴン）は、内部を結束させる効果があるとはいえ、排他性を帯びるから好ましくない。

ところで、世の中には、「〈知識〉にとって最後の課題は、……人々を誘って蒙をひらくことではない。頂きを極め……そのまま寂かに〈非知〉に向かって着地する」ことである――とつぶやく人もいる。吉本隆明の『最後の親鸞』の初めにこう書かれている（五頁）。〈非知〉とは何のことか理解できない。親鸞の名が入っていなければ手にすることもなかったのであるが、知＝痴の遊戯と言うほかない。自分だけの小さな「世界」で自己満足する趣味を奪うこともないが、親鸞とどれほど無縁であるかは語るまでもない。

親鸞を学ぶことになり、五木寛之の文章を初めて熟読した（これまでは『戒厳令の夜』や『わが心のスペイン』を読んだだけであった）。たくさん教えられたが、そのいくつかを抜き書きだけしておきたい。五木は戦前に植民地朝鮮で学校の先生をしていた父の教えによって、ふと口をついて真宗のお経がよどみなく暗唱できるように育ち、敗戦の修羅場を異国でくぐり抜けた深い体験に踏まえて説いている。

　人間の中には、本来、よりよく生きようとする志向性が逆らいがたく内在しているのだ、と考えた方がいい。そこに宗教家の存在理由があります（B二四四頁）。

　地方からはるばるやってきた農民が、山科本願寺にきて巨大な屋根を見たとします。あの瓦の一枚一枚が各地の門徒たちの小さな志で出来たのだと思うとき、自分もあの瓦の一枚なのだと感じたときに、砂のごとく孤立した自分が人間としてつながりを感じ、不思議な一体感に体が熱くなったに違いありません（B二七五頁）。

『蓮如』では、「仏法国というもう一つの不可視の家の家族であると感じる瞬間の、その人間としてのつよい充実感を巨大な寺の背後に見るのです」（一七四頁）と書き、「それ〔本願寺〕をあおぎみて合掌する庶民を、皮肉な目で眺めるような知性を、私は好きではありません」（一七六頁）と諫める。

五木は、「涙がたいへん通俗的、大衆的であり、笑いというのは非常に高尚な洗練されたもの」（B一一八頁）という考え方の偏りを批判し、「戦後五〇年間、〔日本〕社会は人間の内なる情感を圧迫し続けてきたのです」（B一一二頁）と指摘する。「ひとりぼっちだという疎外感を増長させているのが、涙を切って捨てる近代主義ではないでしょうか」（B一一三頁）とも語っている。

「羽仁五郎さんのような近代主義者は、『美空ひばりは日本人の恥』と言った。中野好夫さんも『演歌というのは便所のようなものだ』と言っていた」（B一一八頁）。彼らは「日本の歌謡曲のたぐいが大嫌いだった」（A四四頁）のだという。一九六〇年代末に大学闘争が燃え広がった時代に、羽仁の主著『都市の論理』が流行ったことがあった。マルクス主義では、農村（農業）ではなく、都市（工業）が重視されていたからであろう。

音楽、広く芸術の好みは多様だから、クラッシックが好きな老人もいるし、ロックにあこがれる青年が居ても不思議ではない。私は音楽の素養はないが、五木がここで言わんとしていることは理解できる。

五木は、晩年の蓮如を堕落したと評価する傾向を念頭に、「人間の一生に完全な整合性を求めるような人間観は、大事なものを見逃すことになると思います」（A一五五頁）と注意している。この視点は、歴史をどう理解するかとも共通している。

「五十歩百歩と人は言うが、五十歩と百歩はちがう。一歩でも前進は前進なのだ」（A一六二頁）。一つだけ事例を上げれば、「変成男子《へんじょうなんし》」という今日では死語となっている言葉の理解にも通じる。この言葉は、五木が説明しているように、女性も成仏できるが、「いったん男性に変身してから救済されるという考え方です」(A一一四頁)。まことに「奇妙な理屈」であるが、五木が明らかにしているように「当時としてはきわめて新しく、かつ前衛的な女性観であったんだろうなあ、というふうに見る余裕を、私たちは持ちたいと思います」(同)。私たちは、第1節で悩む遊女に語りかける法然を知った。この視点は、「人間は疎外のもとにおいてもつねに人類としての富を展開してきた」(一二三〇頁)とみる梅本克己の歴史観とも通底する。

既知の教条を突破して新説を打ち出す場合、「新しい酒は新しい革袋に」という名句で飾って強調することを好む傾向があるが、自然の摂理と社会の論理を全く同一のものと類推することは錯誤である。既存のものの破壊に重点を置くこのことわざは適切ではない。自然の摂理に逆らってはならないが、社会の営みの独自性を見失ってはいけない。社会全体の変革がテーマなのだから、〈飛躍〉だけでなく〈連続〉の面も重視しなければならない。

歴史をこのように重層的に捉えれば、当然にも「私にはどうしても一個人の力が一方的に歴史を創り出すとは思えないのです」(五木A一六七頁)。ここをしっかり理解すれば、英雄史観や謀略史観がくりかえし宣伝され浸透しているが、これらの間違いに落ち込まない歯止めになる。

こうして人間や歴史を理解するに際して、〈心の在り方〉について深く悩み静かに考えることが大切であることをさらに知ったことは、親鸞を取りあげたがゆえであり、大きな意味がある。底辺で生活する人びとの悩みや心情を深く理解し、強く結びつくために不可欠の通路だからである。だが、それだけでよいのかという懐疑も残る。これまでの論述のなかにも〈心の在り方〉のレベルや領域を超える問題が含まれていたからである。

B　宗教と政治

〈心の在り方〉を超える問題とは何か。本稿の論述から摘出してみよう。

私たちは、「真俗二諦」論を取りあげたときに、服部之総は政治と宗教には「ズレ」があると考え、北島義信は宗教が政治の問題にも批判を加えるべきだと主張していることに留意した。梅原猛は「根本的対立」とまで書いていた。

私たちは、この「ズレ」とは何かを見極める必要があるのではないか。しかも「ズレ」は歴史を積み重ねるにしたがって大きくなっている。服部は、同時に『親鸞ノート』で「画時代的な距離」（四七頁）を強調した。「画時代的な距離」については、五木寛之の文章がヒントを与えてくれる。

五木は、「蓮如が生きた一五世紀」と一九九五年に地下鉄サリン事件を起こしたオウム真理教を取りあげ、「まさに現代とぴったりと重なってくるではありませんか」（B二四七頁）と書く。確かにそういう面があることは事実である。ことさらに異を唱えるべきではないのかも知れない。だが、服部の「画時代的な距離」に目を開かれた読者なら、ここで立ち止まって考えるだろう。科学技術の圧倒的な発達に目を向ければ、「現代とぴったりと重なって」はいないと小学生でも分かる。

つまり、「現代とぴったりと重なって」いるのは、〈心の在り方〉をめぐる領域においてなのであり、

「画時代的な距離」は〈社会の技術的構造〉において顕著なのである。だから、〈心の在り方〉と〈社会の構造〉とは別次元として理解する必要がある。〈心の在り方〉の主要な部分を〈宗教〉として捉えることができる（心理学はこの領域の理論である）。〈社会の構造〉は、経済、政治、文化と三つの次元から構成され、それぞれの視点から探究されなくてはならない（私はこの考え方を、唯物史観に代わる〈複合史観〉として提起してきた[10]）。

あるいは服部は「宗教的真理の限界」（A一五一頁）に言及していた。服部は何を「限界」と考えたのか。服部は、「真俗二諦」論――「『王法為本』と『信心為本』の二諦ではなく、ただ一諦の信心為本のみがある」と強調するために、「宗教的真理」に「限界がある」と考えた。だが、「真」と「俗」と言葉を並べるのだから、そこに二つの次元あるいは領域が存在しているのは自明である。二つが存在していればこそ、その「ズレ」が問題となるのではないか。本来は「真」と「俗」と表現するよりは、「宗教と政治」のほうが適切だと、私は考える。その上で、宗教については「信心為本」を「真理」として掲げ、政治については「国王に向かひて礼拝せず」――今日の言葉でいえば〈法の下での平等〉と〈主権在民〉を貫くことが活路なのである。

なお、服部はこの「親鸞に体現された宗教的真理は詮ずるところ過去にむかっての真理であ」（同）ると書いていた。なぜ、「過去にむかっての真理」なのかを、服部は説明していない。「過去」ではなく、未来にむかっては別の真理があるとでもいうのか。この問題ではなお整理されていない混濁が残っていたことがはしなくも現れたのではないだろうか。

森もこの問題を取りあげている。森は『本願寺』で、「宗教の論理と歴史の論理の相違」（A二一一頁）と書いていた。『親鸞その思想史』では、「親鸞の思想的遺産」と節を立てその結びで、インドの経典『無量寿経』の一節を引いたうえで、そこでは「他人を排除しなければ成立しない占有の自己疎外」や「階級社会の疎外の論理を素朴な形であるが、的確に指摘していた」（B二一二頁）と読み込んで、親鸞はこの経典を「もっとも根本とする教説とし」（B二一一頁）て読んでいたはずだから……と推論している。だが、この解釈には無理がある。森はあげていないが、まるでマルクスの疎外論を想起させる認識に親鸞が到達していたのであろうか。「素朴な形」ではなく明確な認識こそが求められなくてはならない。

さらに森は、「宗教者の実践とその場の論理としての社会科学の認識とがどのような関係におかれねばならないかを示唆するものである。その点で親鸞の思想をうけつぐものの現代における重大な課題でもあるだろう」（B二一三頁）と確認して、この節を結んでいる。「その場の論理としての」の意味がよく分からないし、「実践と社会科学」との関係というよりは、〈宗教と政治（学）〉との関係と設定したほうが分かりやすい。

親鸞や蓮如が生きていた時代には、「政治」は「王法」と表現されていたのだが、「民主政」が形成される以前であり、宗教の教義のなかに「王法」の理も混在していた。戸籍を扱っていたのも江戸時代までは寺であった。歴史を遡れば、宗教の位置はさらに高くなる。梅原猛は「古代日本において〔は〕、宗教が人々の生活を支配していた〔律していた〕」（B二二二頁）と書いている。歴史の歩みが進むことによって、明確に両者を分けることができるようになり、政治学が生まれ、経済学が成立した。

宗教と政治との関係について内容深く解明することは他日の課題となるが、大きな方向で言えば、〈心の在り方〉と〈政治・経済〉とをはっきりと分けた上で、困難ではあるがその両方を理解する努力を重ねなくてはいけないのではないだろうか（〈政治・経済〉として、〈文化〉を抜いたのは、〈心の在り方〉と重なる部分が少なくないと考えるからである）。このように理解することによって、社会的政治的問題に目をつむり、〈心の在り方〉にだけ局限して生きようとする傾向に陥らず、他方で〈心の在り方〉を軽視・無視して専門的科学にだけのめり込む、人間不在の「専門バカ」に堕すことを回避・克服できるスタートラインに立つことができる。五木は「二一世紀は科学と宗教とが手を取り合っていく時代なんだ、という方向性がはっきり見えてきます」（B七三頁）とも書いているが、「科学と宗教と」を二つながらに調和する道はそこにあるのではないか。親鸞が生きた一三世紀でも蓮如が苦しんだ一五世紀でもなく、二一世紀だから、それが可能であり、また可能たらしめる努力が、私たちには課せられているのではないだろうか。先に、北島義信が宗教は政治の問題にも批判をむけよと主張していたことを引用したが、宗教が宗教外の領域に踏み込むというよりは、宗教者は宗教外の領域にも積極的に発言すると理解したほうがよい。だから正しくは主語を「宗教者」に代える必要がある。北島が注目・評価しているように、一九七〇年代後半から能登半島珠洲市で、浄土真宗大谷派の僧侶たちは、「真俗二諦」論への反省をバネに原発誘致に反対する闘いに立上がった（A八四頁〜）。

私は、少し前に常識とされている「政教分離」ではなくて、〈宗国分離〉――宗教と国家との分離が正しく、〈宗政調和〉――宗教と政治との調和こそが求められていると提起した〔本書一一六、一一八頁〕が、本稿ではさらにいくらかは肉づけすることができたようである。

C　資本主義と社会主義――五木寛之の認識を手がかりに

最後に、資本主義と社会主義をどのように認識するかについて取りあげよう。親鸞を主題にした論文でなぜ急に資本主義や社会主義が問題になるのか、首をかしげる人もいるだろう。何もマルクスの『資本論』やレーニンの『帝国主義論』を取りあげようというのではない。本稿で学んできた五木寛之の認識を手がかりにしようと思う。

「いま資本主義という老いた恐竜がのたうち回って断末魔を迎えようとしている図が浮かんできます」（B一七六頁）〔A〕。こう書いているのは、『共産党宣言』の解説書でもなく、マルクス主義の経済学者でもなく、五木である。

五木は、こうも書いている。

「バブルの絶頂期〔一九九〇年?〕に、司馬遼太郎さんは、『日本の資本主義は、この先数年のうちに、根底からひっくり返るよ』と指摘していました」（B一五二頁）。司馬について「日本人の傲慢の一端を自分が作りだしたのではないか」と「自己嫌悪の情」（B一五三頁）を抱いていたと評している。

五木は「資本主義を支えている精神的なバックボーンは、『多くを稼げ』『多くを蓄えよ』『多くを施せ』という三つの柱です」（B一五三頁）と理解している。〔B〕

五木は、社会主義ついても言及している。

「社会主義とは、資本主義の矛盾の中から生まれた鬼子です。それがすこやかに育ってくれれば、将来は資本主義の老後を見てくれる存在でした」（B一七六頁）。〔C〕

ソ連邦については、「ソビエトの社会主義もやっぱり〈無魂洋才〉でやったから失敗しました。たとえば『ロシア正教的社会主義』というものがあったとしたら、もう少しはつづいていたかもしれません。しかし、宗教を禁止してやろうとした。だから失敗した」（B一七一頁）と書いている。

あるいは「ソ連全体主義の解体は、民族と小国の情念のドラマでした」（A四五頁）と説明している。〔D〕

ついでながら、五木は、一九八〇年代初めにポーランドでの連帯労組の登場にも関心を寄せ、連帯のトップに立つワレサについて「私は、蓮如は中世のワレサであるなどと盛んに発言した」（B二二三頁）とも語っている。

文学者が時に応じて話す社会体制に関する言説をどのように理解することが正しくふさわしいことかは分からないが、前記の〔A〕や〔C〕は、誰が書いたか名を伏して示せば、マルクス主義者なら、あるいは社会主義者なら一〇〇％同意する。反発する人のほうが多いだろうが、それは資本主義が永遠だと思っている、あるいは思わされているからにすぎない。

〔B〕は五木は典拠をあげていないが、ウェーバーの有名な『プロテスタンティズムの倫理と資本主義の精神』を踏襲したと思われる。だが、「精神的なバックボーン」だけではなく、経済システムとしてはどういう原理が作用・貫徹しているのかについても認識する必要がある。マルクスの洗礼を受けた者なら、資本制経済では「労働力の商品化」を基軸として、「利潤追求」が生産の目的・動機となり、そこに「価値法則」が貫かれていると考える。私は今でもこのマルクスの認識を踏襲しようと考えている。

〔D〕には賛同できない。もちろん主題がソ連邦の崩壊に設定されているわけではなく、世界史における「情念」の位置・役割に設定されている文脈なのであるが、それでも「ソ連全体主義」という枠取り・認識は妥当ではない（主題に設定しても「国家資本主義」などと錯認する例もある）。それでは、ロシア革命いらいのまさにロシアの諸民族の人びとの「情念」をすくい上げることはできないからである。そこには明らかに「社会主義への希望」もまた大小や質がさまざまではあっても流れ込み育まれていたはずである。

本稿で、資本主義と社会主義について現状認識はもちろん原理的認識を展開することもできないが、〔A〕や〔C〕を共通認識に据えたうえで、〔B〕〔D〕については正解を求めて探究する必要がある。その方向は、やはり〈社会主義〉いがいにはあり得ない、と私は確信している。梅原猛は高校生への授業で、「グローバリズムは露骨な資本主義の支配」と教え、マルクスを半ば肯定して、「やはり未来につくるべきものは、金持ちも貧乏人もない、皆が仲良くやっていける社会ではなかろうか」（C二四九〜二五一頁）と話しかけている。その探究は、明らかに〈心の在り方〉を探究する領域とは別の課題である。前項で明らかにしたとおりである。

こうして、私たちは、〈心の在り方〉についても、〈社会の構造〉についても深く理解する努力を重ねなくてはいけない。とても有限な個人がカバーすることはできず、不可避的に集団的・組織的努力が求められる。端的に言えば、そこに親鸞の時代とは違って〈組織〉が不可避的に必要となる最奥の根拠がある。アナキズムでは現実と本当に対決できないから、組織が必要となれば当然にも指導者が生まれる。そうなると指導者の誤謬と堕落の危険性も生じる。その弊害をどうするのか。人類は、ウェーバーが鋭く予見した「未来の隷従の容器」にはまり込むほかないのか。この課題については、先年「ウェーバーの『官僚制』論を超える」〔『親鸞・ウェーバー・社会主義』に収録〕を書いたので、ぜひ参照してほしい。すでに別の課題に踏み込みつつあるので、本稿はここで閉じることにする。

宗教者親鸞は、権力にへつらうことなく、平等を希求して、安穏な生活に安住することなく、ただ苦難の道を歩みながら深く思索し、説いた。この親鸞の〈異端〉の道に、政治者として二一世紀の今日に及ばずながらも連なるにはどうしたらよいのか。親鸞に造詣の深い方がたからの教示を得られれば幸いである。

〈参照文献〉

・五木寛之『蓮如』岩波新書、一九九四年。A
『他力』講談社、一九九八年。B
『私訳歎異抄』東京書籍、二〇〇七年。C
『歎異抄の謎』祥伝社、二〇〇九年。D

『親鸞』講談社、二〇一〇年。
『親鸞　激動篇』講談社、二〇一二年。
・梅原猛『歎異抄（全訳注）』講談社学術文庫、二〇〇〇年。A
『古事記』学研教育出版、二〇〇一年（原：一九八〇年）。B
『梅原猛の授業　仏教』朝日新聞社、二〇〇二年。C
・梅本克己『マルクス主義における思想と科学』三一書房、一九六四年。
・金子大栄校注『歎異抄』岩波文庫、一九三一年。
・北島義信『親鸞復興』同時代社、二〇〇四年。A
「中世における村落共同体・都市共同体の形成から学ぶもの」B。
・片岡幸彦『下からのグローバリゼーション』新評論、二〇〇六年。
・木下尚江『法然と親鸞』。全集第八巻、教文館、一九九三年（原：一九一一年）。
・服部之総『親鸞ノート』全集第一三巻、春秋社、一九七三年（原：一九四八年）。A
『蓮如』全集第一四巻、春秋社、一九七四年。B
・林田茂雄『親鸞の思想と生涯――親鸞をけがす歎異抄』白石書店、一九八一年。
『親鸞をけがす歎異抄』三一書房、一九五六年。
・村岡到「チリ革命敗北の歴史的教訓」『第四インターナショナル』第三六号＝一九八〇年七月。
「平等こそ社会主義正義論の核心」『生存権・平等・エコロジー』白順社、二〇〇三年。

『社会主義はなぜ大切か』社会評論社、二〇〇五年。

「ウェーバーの『官僚制』論を超える」。『プランB』第三〇号＝二〇一〇年一二月。
「戦前における宗教者の闘い」。『プランB』第三八号＝二〇一二年六月。〔本書に収録〕

- 森龍吉『本願寺』三一書房、一九五九年。A
  『親鸞その思想史』三一書房、一九六一年。B
- 森龍吉編『親鸞はいかに生きたか』講談社学術文庫、一九八〇年。C
- 矢田了章『「教行信証」入門』大法輪閣、二〇〇八年。
- 山折哲雄『親鸞を読む』岩波新書、二〇〇七年。
- 吉本隆明『最後の親鸞』春秋社、一九八一年。

〈注〉

本文にも出典頁を表示した。『歎異抄』については検索が楽なので、頁数は示していない。

(1) 村岡到「宗教と社会主義――ロシア革命での経験」。『悔いなき生き方は可能だ』ロゴス、二〇〇七年。
(2) 村岡到「社会主義像の刷新」。村岡到編『歴史の教訓と社会主義』ロゴス、二〇一二年、所収。
(3) 村岡到「チリ革命敗北の歴史的教訓」。八四頁。
(4) 家永三郎。服部『親鸞ノート』一八頁から。仮名遣いは変更。
(5) 梅原猛『歎異抄（全訳注）』二二〇頁
(6) マルクス『ユダヤ人問題によせて』岩波文庫、一九七四年、五三頁など。
(7) 五木寛之講演会、二〇一二年五月二二日、東京・霞ヶ関イイノホール。主催：東京新聞。

(8) 服部之総『親鸞ノート』八七頁。森龍吉『親鸞その思想史』一〇八頁。森龍吉『本願寺』二七頁に全文あり。同四六、二三二頁参照。

(9) 梅本克己『マルクス主義における思想と科学』一三〇頁。この一句はさらに、「ものであるように、肯定面の理解をともなわぬ否定は弱い」と続く。

(10) 村岡到「『唯物史観』の根本的検討」『連帯社会主義への政治理論』五月書房、二〇〇一年。「唯物史観から複合史観へ」『生存権所得』社会評論社、二〇〇九年。

小林多喜二の母とイエス・キリスト

戦前の代表的なプロレタリア作家小林多喜二は、一九三三年に治安維持法によって築地署で逮捕七時間後に虐殺された。その劇映画「母」（原作・三浦綾子）のビラが今朝の「赤旗」に挟んであった。そのビラにこう書かれていた。

「多喜二の死を受け入れられず苦しむセキ。長女チマの誘いで教会を訪れたセキは、イエス・キリストの死の話を聞き、……イエスと多喜二の姿を重ね合わせ、思いを巡らす…」。

多喜二に関連する本はわずかしか読んだことはないが、この母のイエスとの出会いについては初めて知った。これまであまり知られていないようだが、「プロレタリア文学」とキリスト教との接点として積極的に光を当てるべきエピソードである。

社会主義への政治経済文化的接近を

はじめに——或る反省

本稿では社会主義とは何か、あるいはなぜ社会主義を志向したほうがよいのかについては論述しない。このことを前提として、社会主義を実現するには何が大切かについて考察する。とはいえ、最低限の確認だけ示す。社会主義とは資本主義を超える社会で、両者の相違の核心は、経済システムの転換にある。政治システムについては民主政をいっそう発展させるだけで根本的変化はない。文化はよりいっそう多様性に満ちて豊かになる。経済システムの転換とは、資本制経済では土地と生産手段の私的所有を基礎に賃労働と資本との対立を根本とし、価値法則が貫徹されて実現しているが、社会主義では、土地と生産手段の社会化によって労働者と資本家との対立（存在）を解消し、貨幣に代わる生活カードによって生産物を引換える協議経済を実現する。その内実については私の既出の著作を参照してほしい。

憲法第九九条に「天皇又は摂政及び国務大臣、国会議員、裁判官その他の公務員は、この憲法を尊重し擁護する義務を負ふ」と明記されているにもかかわらず、安倍晋三首相は、今年（二〇一七年）五月三日の憲法記念日に憲法第九条改正と二〇二〇年の施行を目指す考えを表明した。しかもこの発言は、日本会議が主導する「美しい日本の憲法をつくる国民の会」などが開いた改憲集会へのビデオメッセージである。国民むけでも、自民党員むけでもない。今年二月いらい、森友学園への国有地不当売却や加計学園開設問題が暴露され、窮地に陥って当然であるにもかかわらず、安倍首相は、このような暴言をほしいままに連発している。怒りが湧くとともに非常に情けない。

いわゆる「安倍一強」はなぜ保持されているのか。一九九四年に非自民の細川護熙連立政権の下で導入された小選挙区比例代表並立制がその法制的基礎にあることは次第に共通認識になりつつある。導入責任を大きく負う細川氏自身が二〇〇九年に小選挙区制について反省気味に語っている。(1)選挙制度がきわめて歪んでいるから、現在の日本の政治システムは〈歪曲民主政〉である。もう一つの要因は、野党の政治的非力である。二〇〇九年に一度は政権に就いた民主党はすでに分解して、二〇一六年に民主党が改称する形で民進党が結成された。民進党は、国会での議席でも大きく後退している（衆議院：九六人、参議院：四八人）だけでなく、憲法問題でも原発問題でも党内合意が定かではなく、明確な方向を提示することが出来ていない。日本共産党は、「野党共闘」の主導者として健闘してはいる（衆議院：二一人、参議院：一四人）が、党勢は自ら幹部会の「訴え」で「三十数年来の党建設の後退傾向」と確認・公表するほどに停滞している。(2)機関紙「赤旗」の読者はピークの三分の一以下の一一三万部に低迷。また、半世紀前には国会でも一定の位置を確保していた社会党も一九九四年に解党し、後継の社民党は国会議員が衆参合わせて四人しかいない。

三つ目の要因がある。先日、「東京新聞」の「本音のコラム」で、鎌田慧氏が「労働運動と学生運動〔の〕停滞と断絶が現在の暴政を許してきた」と書いていた。[3]まさにその通りである。

前記の三党や労働運動などについては、それぞれその歩みを総括しなくてはならないが、まずはわが身に照らして反省しよう。

私は、一九六〇年の安保闘争の時、田舎の高校二年生で長岡城の跡地で開かれた反対集会とデモに参加していらい、政治に目覚め、六三年に上京して東京大学の病院分院に事務員として勤務してから新左翼党派のいわゆる中核派に所属し、七五年に第四インターに入り、八〇年には自分で政治グループ稲妻を創り、それは九六年に解散したが、それ以降も社会主義を希求して極小出版社を創り小さな市民活動を継続し、理論活動に専念してきた。何か大きな組織の責任ある位置に就いたこともなく、社会的にはゼロに近い存在でしかなく、左翼運動の消長に影響を与えるほどの実績はない。しかし、この半世紀以上にわたって活動を継続し、小さな範囲とはいえ、何ほどのことは持続的に発信してきた人間として、その活動について反省することは許されるというよりは、反省すべき責任を負っていると考える。

一九六〇年代に、私もその一員である新左翼は「社共に代わる前衛党を」を旗印に活動していた。「社共」と言っても今ではすぐにはピンとこないだろうが、「社会党と共産党」のことである。「前衛党」とは、政治闘争や労働運動などを指導して先頭に立つ政党を意味する。日米安保条約の改訂を許したがゆえに、六〇年の「安保闘争は敗北した」と総括した活動家は、社会党や共産党に大きな責任があると断じ、それらに代わる前衛党を自分たちが創ることを基本目的として設定した。「社共」を旧左翼として、自らを「新左翼」として打ち出し、マスコミなどは別の思惑から「新左翼」に加勢した。この数年前一九五六年にハンガリーで起きたソ連邦と東欧諸国の軍隊派遣に反対する国民的な規模の抗議行動（ハンガリー事件）を契機にして、ソ連邦などを「スターリン主義」として批判する国際的動向の一環として、日本でも「スターリン主義批判」が問題にされるなかで、この問題も新左翼の存在意義の有力な要因となった。当時はソ連邦や中国と親近的だった日本共産党はソ連邦などを批判することはできなかったからである。今でも共産党は絶対に「スターリン主義」とは書かない。この点に負い目があるがゆえに、近年、不破哲三氏（元議長で現在も八七歳で常任幹部会委員）は『スターリン秘史』全五巻の執筆に没頭していた。

端的に問おう。「社共に代わる前衛党」は建設されたであろうか。問うも愚かで、今ではこの標語すら消えてしまった。新左翼と分類される党派は、警視庁の公安担当者でも掌握できないほど数多く発生したが、離合集散、分解解体を繰り返し、特に一九七〇年代には党派間の「内ゲバ」によって三桁の活動家を殺しあい、衰退してしまった。党派の名前はまだ使われている場合もあるが、いずれも「昔日」の勢力から半減はおろかさらに衰退しているのが現状である。「過激派」とも言われるが、「警察庁によると、人数のピークは六九年の約五万三五〇〇人で、現在は約二万人」(4)。

六〇年ブント（共産主義者同盟）の指導者島成郎は「ブントは死んでも名を残す[5]」とよく語ったというが、普通には「名を残す」とは、固有名詞が忘れられないという意味ではなく、その氏名から連想される歴史的出来事や理論的業績が記憶に残る場合を意味する。確かに、「六〇年ブント」からは安保闘争が想起されるが、新左翼党派や人物から思い出すことができる理論的業績は残されているであろうか。個人的な好みに応じて、傾倒した研究者や専門分野の理論は探し出すことが可能であろうが、社会的広がりとなると定かではない。私の場合には、哲学者・梅本克己と経済学者・宇野弘蔵の著作からは学ぶことが多かった。

半世紀も活動を継続していながら、これといった理論的提起を残すことが出来ていない。この貧困にこそ、左翼停滞・衰退の主体的原因があるのではないだろうか。共産党に一言ふれれば、私が昨年「宮本顕治の凄さと時代的限界」で明らかにしたように、「共産党は、日本市民の共同の橋頭堡[6]」の位置を築いてきた。「敵の出方」論の水準を超えて、議会に重点を置く路線に転換したが、近年になって使い出した「立憲主義」が二〇〇四年に大改訂した「綱領」には書かれていないという決定的な不整合を直視しただけで、その理論的混迷が明らかである。今や、不破氏の著作以外には理論的著作はほとんど刊行されなくなった。かつては「党の歴史」を重視していたはずなのに、二〇一二年に刊行されるはずの『日本共産党の九十年』をついに編集することが出来ないままである。『日本共産党の四十五年』に始まって『日本共産党の八十年』まで六冊刊行してきたにもかかわらず。

視点を変えて、左翼運動における理論的探究の分野では何が起きていただろうか。

半世紀も前に遡ると、左翼のなかでは「構造改革」の四文字が流行り言葉になっていた。「革命」だけでなくさらに「暴力革命」すら飛び交っていたなかで、それらとは距離を置くことをアピールするために、この言葉は使い出された。当時は、共産党すら「敵の出方」論を宣伝していて、場合によっては暴力的対応もあり得るとしていた。それに対して、雑誌『現代の理論』などを中心としていわゆる「構造改革派」が創られ、社会党にも浸透していた。経済構造を改革することを主眼に主張していたが、いつの間にか消えてしまった（そのおかげで、二〇〇一年から小泉純一郎首相が「構造改革」を自分のキャッチフレーズに〝盗用〟した）。

「構造改革」を最初に提起したのは、グラムシをトップにしていたイタリア共産党であり、その流れに影響された人たちは「ヘゲモニー」なる用語を好んで発していた。「暴力」ではなく、「知的道徳的指導」によって方向を切り開くという含意で使われた。九〇年代になると「オルタナティブ」や「アソシエーション」が登場した。前者は「もう一つ」とか「対案」を意味し、後者は「共同（社会）」や「協同」に当たる。いずれも「社会主義」と距離を置こうとする傾向を示していた。私は、一九九七年に当時編集・刊行していた『カオスとロゴス』の別冊に『社会主義へのオルタナティブ』とタイトルしたこともある。今世紀に入ると「ベーシックインカム」も散見されるようになった。

カタカナ言葉のほうが受けがよいという風潮にも影響され、狭い範囲では話題となったが、これらの用語を好む傾向もさしたる広がりを獲得するには至っていない。私自身も一九九九年には「オルタフォーラムQ」なる小さな市民組織を創ったが、二〇〇五年には解散した。

1 「まず政治権力を獲得」論への疑問

二〇年前に、私は「『まず政治権力を獲得』論の陥穽」[7]で、マルクスが『共産党宣言』で強調した「まず政治権力を奪う」という主張を真正面から検討し、その誤りを明確にした。そして、この教条がその後、左翼運動を歪めてきたことを批判し、これに代えて〈社会主義への政治的経済的接近〉が必要であると提起した。その後、さらに「文化」も加えて、〈社会主義への政治的経済的文化的接近〉と追加した。

だが、いわば言葉を発しただけで、それに見合う内実を明らかにすることはできず、このテーマに関連しては散発的にいくつかの論文を書いたにすぎない。主要な論文を三つだけ挙げておく。

- 「〈利潤分配制〉を獲得目標に」[8]一九九七年。
- 「〈則法革命〉こそ活路」[9]二〇〇一年。
- 「〈生存権所得《ベーシックインカム》〉の歴史的意義」[10]二〇一〇年。

二一世紀以後、私の問題関心は〈社会主義像〉の解明に向かい、一九二〇年代に国際的に論争となった「社会主義経済計算論争」の整理やソ連邦論の解明に集中して勉強を重ね、法学者・尾高朝雄から強い影響を受け、次第に法学的視座からの考察に重点を置くようになった。

私は、昨年秋に『ソ連邦の崩壊と社会主義』を刊行し、今年夏に『ロシア革命の再審と社会主義』

を編集した。この二著によって、〈社会主義像〉をめぐる問題については一区切り付けることが出来たように思っていた。だが、後者に論文を収録した下斗米伸夫氏が今年三月に著した『ソビエト連邦史』（講談社学術文庫）に触発されて〈社会主義と宗教〉についてふたたび関心が湧き、蔵原惟人の著作を読み返すことになった。蔵原は、共産党の最高幹部宮本顕治より六歳年上で獄中体験もある幹部で、文芸の分野で指導的役割を果たした。共産党の宗教理解については、別稿を準備中であるが、蔵原は「政治革命」と合わせて、「経済革命」「文化革命」を強調していた[11]。それで、私は〈社会主義への政治経済文化的接近〉として明確にすることが決定的に重要だと再認識し、改めてこの問題を明らかにする必要を感じた。それが本稿執筆の動機である。

芸術にうとく、音楽や絵画に親しんだこともなく、文学作品をほとんど読んだことがない私にしても、森麻季さんが歌う「坂の上の雲」の主題歌「Stand Alone」を聴けば気持ちよくなり、夕陽に向かって「ふるさと」を子どものころを思い出して「ウサギ追いし、かの山……」と口ずさむこともあるし、口笛を吹く時もある（司馬遼太郎の歴史観には批判的だが）。あるいはこれまで編集してきたいくつかの小さな雑誌でも文化に頁は割いてきた。だが、いわば付録のような位置づけであることも確かだった。そうではなくて、政治や経済とも甲乙つけがたい不可欠で大切で重要な内実として、文化を位置付ける必要がある。

このことをはっきり意識すると、新しくさまざまな問題に気づく。その内容は次節で展開するが、その前に次のことを付け加えておく。

私は二〇〇〇年に「『唯物史観』の根本的検討[12]」で「唯物史観」に代わる〈複合史観〉を提起した。その意味は、唯物史観のように土台・上部構造としてピラミッド型に観るのではなく、社会を球体に譬えると、縦から見た次元を政治、横から見た次元を経済、球体の内実を文化、とする観方である。〈社会主義への政治経済文化的接近〉は、この〈複合史観〉に見合ったものでもある。

2 社会主義への政治経済文化的接近

では、〈社会主義への政治経済文化的接近〉として明確にすると、何が新しく分かるのか。一五文字も使うのは面倒なので、以下では〈社会主義への政経文接近〉と書く。広く伝わって欲しいからである。

第一に明らかになることは、政治あるいは政治闘争の偏重を避けるべきことである。これまで左翼運動では、前記のマルクスによる「まず政治権力を獲得」の考え方にしたがって、それを暴力革命によって実現するか、議会の多数派によって実現するかの大きな相違はあるものの、「政治権力の獲得」に集中・収斂させて考えてきた。前衛党を自称するにせよしないにせよ、党の活動は政治闘争に最重点を置いて、それ以外の分野や活動は、二次的三次的ないわば付録とされてきた。それゆえに、政治好きな特殊な人種として敬遠されることになった。共産党でも新左翼党派でも、社会主義への経済的接近にかかわる課題や活動は軽く扱われ、あるいは無視されてきた。労働者自主管理とか、協同組合に関心が薄く、ましてや〈利潤分配制〉などに触ることすらなかった。〈ベーシックインカム〉や「国際連帯税」についてもまったく無関心である。

第二に、第一点の裏側からの表現でもあるが、〈社会主義への経済的接近〉について深く考え、そのさまざまな通路を模索することになる。あるいは、模索する努力を自分に関係ないこととして排除したり軽視することが誤りだと気づいて十分な注意と協力をするようになる。そうすれば、これまでは軽視・無視してきた、これらの活動を展開したり、思索してきた多くの担い手を広く、手を組む相手として関係づけることになる。「戦線の拡大」といえば、理解が早いかもしれない。

第三に、文化についても同じように包摂することになる。付録ではなく、本質的に必要不可欠な分野として位置づけることが大切である。

こうして、重層的に社会主義への接近を模索・追求するようになり、そうすることによって、社会主義への水路を広げることが出来る。

ここで、共産党の年輩の党員から、「そんなことは言われなくても分かっている。わが党は文化については十分配慮してきたぞ。文学者もたくさん組織しているぞ」という反発が起きるかもしれない。そういえば、長くトップに位置していた宮本顕治は文芸評論でも著名である。あるいは、冒頭でふれたように、蔵原は「文化革命」を強調していた。『宮本顕治文芸評論選集』は四巻も刊行されている（一九八〇年に完結）。中でも選集の最後に刊行された第一巻では四〇頁近い異例に長文の「あとがき」で「政治と文学」について論じていた。戦前には「プロレタリア文学」やその文学者が大きな位置を占めていた。プロレタリア文学は、戦争の激化と弾圧によって壊滅させられたが、敗戦の年一九四五年に蔵原、中野重治、宮本百合子たちを中心にして新日本文学会が結成され、その分裂後、一九六五年に日本民主主義文学同盟（民文同）が創設され、機関誌『民主文学』が現在も発行されている。このような活動の展開を背景に、あるいは表現するものとして、一九六八年に共産党は、代表的文学者で治安維持法によって虐殺された小林多喜二と宮本顕治の妻でもあった宮本百合子を記念して、「多喜二・百合子賞」を創設したほどである。文学をこえて、文化へと枠を広げれば、共産党は一九六一年末に中央委員会を発行元として『文化評論』を月刊で創刊した（後に新日本出版社が発行）。

したがって、一見すると、共産党は〈社会主義への文化的接近〉という点では合格点を受けてもよさそうである。だが、そうではない。共産党は、特に蔵原が強調した「政治の優位性」[13]なる独特の理解・理論によって、実は文学分野では大きく歪んだ関係に陥ってきた。その結果として、日本社会の変容をも背景としてはいるが、共産党系の文学運動は今日では大きく停滞している。一九八三年に起きた民文同の分裂に論及する余裕はないが、前記の多喜二・百合子賞は二〇〇五年をもって廃止された。社会に広く受け入れられる優れた文学作品が輩出されなくなったからでもある。なお、多喜二・百合子賞の創設については『日本共産党の七十年』では記述されたが、[14]『日本共産党の八十年』ではまったく触れなくなった。

私は文学分野の歴史的動向を解明する能力は有していないが、端的に示すと、政党が文学賞を出すこと自体が正しいのか否かを問わなくてはならない。「政治の優位性」（実は政党＝共産党の優位性）

思考に陥っている場合には不思議と思うことはないだろうが、これは根本的誤りである。政党が文学賞を出すことは、〈社会主義への政経文接近〉のあるべき姿では断じてない。それは文学の政党への従属を意味するだけである。

なお、先に『文化評論』の発行にふれたが、この雑誌は一九九三年に廃刊された（そのいわば後継誌が本の泉社発売の『季論21』である）。これも文化面での活動の停滞の現れである。

ここで、では政党はどのような活動を展開すべきなのかが次の課題となる。

3 社会主義をめざす政党のあるべき姿

社会主義をめざす政党は、主要には政治の次元での活動に重点を置くべきである。だが、同時に経済政策も具備しなくてはならない。労働者自主管理やベーシックインカムにも充全な認識・理解が必要である。文化についても高く豊かな理解を備えたほうがよい。つまりより総体的な活動を展開することが求められる。社会主義は、資本主義を総体として変革することを意味するからである。視点を変えて、〈社会主義への政経文接近〉をこんな風に表現することも出来る。政治では鋭どさ、経済ではやさしさ（優しさ・易しさ）、文化では豊かさ、が求められる。

なお、社会主義をめざす政党の組織論については、本稿では省略するが、私は二〇〇七年に〈複数前衛党〉と〈多数尊重制〉を提起したので参照してほしい[15]。共産党は二〇〇〇年の第二二回党大会で規約から「前衛政党」を削除したが、機関誌の書名は『前衛』を捨てておらず、中途半端である。組織論の軸をなす「民主集中制」について論述できなくなっている。

具体的に共産党の機関紙「赤旗」で例示すれば、通常一六面で発行されているが、経済や文化に毎日二、三面を割き、その動向を多面的に紹介するようにしたほうが良い。現在でも文化面はあるが、貧弱と評すことが許されるであろう。紙面配分だけでなく、より根本的な問題がある。一言でいえば多様性の欠如である。先に蔵原の「政治の優位性」論にふれたが、今日なおその悪弊が尾を引いている。文化面では、政治的立場や主張において党の立場と相違するところがあったとしても、優れたものは取り上げる姿勢が大切である。文化・芸術の評価は軽々に行うべきではなく、活発な意見交換こそが求められる。読者の側でも、文化面に掲載されるものについては、政治面での主張とは区別して扱う度量を備えることが求められる。

言うまでもなく、有限な個人は好みも得手不得手も千差万別だから、これらの三つの次元をどれも充全に体現することはできない。政治家で美しい絵画を描く人もたまには存在するだろうが、例外といってよい。個人は、政治、経済、文化のいずれかの分野でしかもそのなかの特定の領域でその能力を発揮するしかない（だから、組織＝政党が不可欠に必要となる）。だが、その場合、自分が選好した課題だけにこだわり、他の分野や課題を軽視・無視してはならない。自分が専攻した分野・課題が一番重要だと錯覚する者も少なくない。あるいは、労働者自主管理やアソシエーションに関心がある活動家のなかには「自分は政治には関心がない、支持できる政党などない」として選挙には足を運んだことがないという例もよくある。だが、このような態度・生き方は間違っている。芸術に日夜打ち込んでいようとも、選挙には参加すべきである。私は、選挙制度として、〈義務投票制〉を導入することを提起した。[16] ドイツでの「ジュニア選挙」やコスタリカでの「子ども選挙」に学んで、このような制度を新設したほうがよい。……

〈社会主義への政経文接近〉という視座を明確にすれば、そしてこの考え方が広く浸透すれば、経済や文化に重点を置く人たちも政治にもいくらかかの関心をもつようになるだろう。社会主義志向のすそ野が広がる。従来は「自分とは関係ない」と距離を置いてきた多くの分野の人びととの接点を拡大し、日本と世界の社会生活のより広範な領域と人びとと繋がることが出来るようになるであろう。

先に、「構造改革」や「オルタナティブ」や「アソシエーション」や「ベーシックインカム」に触れたが、これらの提起が広がりを獲得できない大きな原因は、それらが〈社会主義〉と切断、遊離して自身の蛸壺に陥っているからである。一例を上げれば、二〇〇二年に田畑稔ら編の『アソシエーション革命』[17]が刊行されたが、大藪龍介氏以外の九人は社会主義に全く言及していない。横への広がりに無関心な、縦への掘り下げでは本当の深さを得られない。……

こうして、〈社会主義への政経文接近〉とは、別言すれば「他人のためを思う、善意の努力はすべて社会主義に通底する」という姿勢を意味する。「他人のためを思う、善意の努力」には、本人が意識するか否かにかかわらず必ず〈友愛〉が貫かれている。その意味では、社会主義は〈友愛社会主義〉と表現することがベストなのである。

〈注〉

(1) 細川護熙インタビュー。「朝日新聞」二〇〇九年八月九日。
(2) 日本共産党幹部会の「訴え」「赤旗」二〇一七年二月八日。
(3) 鎌田慧。「東京新聞」二〇一七年四月一八日。
(4) 「朝日新聞」二〇一七年二月一四日。
(5) 武田信照『ミル・マルクス・現代』ロゴス、二〇一七年、二三四頁。
(6) 村岡到「宮本顕治の凄さと時代的限界」『フラタニティ』第四号＝二〇一六年一一月、六一頁。
(7) 村岡到『連帯社会主義への政治理論』に収録。武田信照氏によれば、この問題は、J・S・ミルとマルクスとを分かつ論点の重要な一つで、ミルは一貫して「社会変革の漸進性」を主張した。ミルの名前しか知らない私には分からなかったが、ミルは同時に社会の変革は「平均的な人間を考慮しなければならない」と明確にしていた（武田氏の新著『ミル・マルクス・現代』七四頁など参照）。
(8) 村岡到『社会主義へのオルタナティブ』（『カオスとロゴス』別冊2号）一九九七年。
(9) 村岡到『連帯社会主義への政治理論——マルクス主義を超えて』五月書房、二〇〇一年。
(10) 村岡到『ベーシックインカムで大転換』二〇一〇年。
(11) 蔵原惟人『マルクス・レーニン主義の文化論』新日本新書、一九六六年、八七頁。
(12) 注(9)と同じ。
(13) 蔵原惟人、同前。「政治の優位性ということ」とタイトルして強調した（一三二頁以降）。蔵原とは違って、宮本顕治は一九八二年には、「政治闘争」を「階級闘争の中心」としたうえで「同時に文学とか、芸術というものも人間を豊かにする人類の伝統ある社会活動なんで、……才能ある作家や評論家がなにもそれをやめて一律に党の専従〔活動家〕になることが、政治の主導性ではない」と語った（宮本顕治『回想の人びと』新日本出版社、一九八五年、一九六頁）。

(14) 日本共産党『日本共産党の七十年』上、三八八頁。

(15) 村岡到『悔いなき生き方は可能だ——社会主義がめざすもの』二〇〇七年、に収録。

(16) 村岡到「『安倍一強』の終わりの始まり」『フラタニティ』第七号＝二〇一七年八月、三頁。

(17) 田畑稔ら編『アソシエーション革命』社会評論社、二〇〇二年。

☆ 出版社の記載がない村岡の著作はロゴス刊。

〈付記〉

• 本書収録にさいして、補筆した部分がある。文章の下に……で表示した。

• 不破哲三氏は、七月一九日に開かれた「党創立95周年記念講演会」で「スターリン主義」と初めて発言した（「赤旗」七月二三日）。

付　録

変革は時間がかかっても武力ぬきで

――山田太一脚本「遠い国から来た男」を観て

山田太一脚本の「遠い国から来た男」（ＴＢＳ月曜ゴールデン、二〇〇七年七月二三日）を観た。期待どおりの見応えのあるドラマだった。

七〇歳過ぎの雄作（仲代達矢）が成田空港に着く。迎えの旅行会社の若い矢川香（高野志穂）に、いきなり笠間市に向かうよう指示する。雄作は母の墓に手を合わせ、親不孝を詫び、直ちに成田から帰国すると告げる。カーラジオをＯＮにしたら、「草原情歌」が流れる。この歌には特別の思い出があった。二〇歳過ぎの雄作の婚約者となる典子（栗原小巻）に初めて出会い、恋に落ちた時に彼女が中国語で歌っていた。六〇年代に「中国やソビエトや革命が輝いていた」と思っていた左翼青年が好んで歌っていたモンゴルの歌で、「歌声喫茶の定番」であった。典子が言うように、当時の青年は、「日本はこれで良いのかって、気持ちが高ぶっていた」。

雄作は、当時はノンポリで大商社に就職し、中米の国（サン・ハイメ）に典子を残して単身赴任する。軍事独裁の酷さに直面して、ゲリラに武器を斡旋し、投獄され、一二年間も獄中生活。日本との一切の接触を断たれる。同期入社の卓己（杉浦直樹）と現地を訪ねた典子は、雄作には会えず、卓己と結婚することに。軍事独裁政権が倒され、出獄した直後に兄から典子が卓己と結婚したと伝えられ、雄作は絶望して、故国を捨てる。今や農園主になっている。そして、四六年間の「空白」の後、雄作は故郷にやってきた。香の誘導もあり、最初は卓己と、次に典子と再会。そこに卓己も加わる。突然、典子は「私はサン・ハイメに行くわ！」と言い出す。困惑する卓己。雄作は再び機上の人となり、間に合わないと知りながらも成田に向かう車のなかで、運転を止めて典子の肩を引き寄せる卓己。機上の人となった雄作は、「現実」に戻るかのようにサングラスをかけ直す。そこでドラマは終わる。

これだけの筋書きであるが、三人のベテランが巧みなセリフで半世紀近い歳月の葛藤とその記憶を想起しながら、人生の意味を問い直す。演劇の視点からの評価を加えることはできないが、全編を流れる「草原情歌」が印象的であった。再会の場面では典子がピアノを弾きながら中国語で歌い、回想シーンでは八ヶ岳に向かう夜行列車のなかで雄作と肩を寄せ合って口ずさみ、他の客から注意される。三人が客となった歌声喫茶では、小室等が「涙そうそう」につづけて、リクエストがあったとして「草原情歌」を歌う。私だけでなく、六〇年安保をくぐり抜けた人なら、自分の「六〇年代」を思い出したにちがいない。

私はこのドラマに強い政治的メッセージを感じた。六〇年安保闘争の国会デモの波がくりかえし映され、二〇〇万人の国民が反対闘争に参加したと説明される。雄作は、武装闘争に加担したことを正義への共感として「若い連中の情熱に打たれた」と肯定する。だが、さらに言葉を継いで「武力の革命はいけません。武力は、しかえしのグループを生む、人間が腐る。変革は時間がかかっても武力ぬきでなくてはならない」と語る〈私はそれを〈則法革命〉と主張している〉。全共闘への批判的姿勢も垣間見ることができた名作「ふぞろいの林檎たち」を思い出した。

ガイドの香の積極的な姿勢も好感を呼ぶ。六〇年安保も全共闘も知ることはないだろうが、雄作の体験を聞きながら、メキシコで四年間生活した香は「日本は反抗するとか逆らうとかした人に冷たい」と共感する。香のように相手のことを思い、前向きにはっきり自分の意見を言うこと、それが普通になるだけでも、日本は変わるだろう。長いものには巻かれろ、を棄てることだ。

典子は、雄作の後を追ってサン・ハイメに行くのだろうか。ここから先は、観る者の生き方が決めるということだろうか。ジイジとバアバと互いに呼び合う慣れた日常を破って、もう一度、新しい人生に賭けてほしいと願う自分と、豊かな追憶を大切にして生きていくしかないのだろうと諦める自分と、そのあいだを揺れ動く自分と……。「草原情歌」が「お金も宝も何にも要らぬ。毎日その笑顔じっと見つめていたい」と流れながら、配役の字幕が消えてゆく。

特別寄稿

村岡到さんへの手紙

山田太一

村岡到　様

ありがたく嬉しいお便りと御本〔『悔いなき生き方は可能だ』〕や『もうひとつの世界へ』誌をいただき、すぐにも御礼の手紙をと思いましたが、御本を読まずにでは失礼と思い、時間がたちました。『悔いなき生き方は可能だ』は、村岡さんの個人史、立ち位置が文章と分かちがたくあり、一つひとつの言葉が借りものではなく、村岡さんの語るところとなっていて、読後、一個の人格に接したような感銘がありました。

「愛」とか「宗教」とか、科学的記述を損なう輪郭も実体も判然としない世界を、なんとか網の中に捉えようとなさっていること、その努力に胸を打たれるし、その必要もとても感じました。連帯社会主義は、こうしたものをきちんと捉えないでは、実現しないということ、〈則法革命〉という思い切った（御経歴からいえば、です）ことばを提示して、努力をやめない根性に教えられました。お手紙の言葉を借りれば、ああ「こういう人」がいるのだ、と襟を正す気持ちにもなりました。

西川〔伸一、明治大学教授〕さんが〔同書の解説で〕「寅さん」に通ずるものをお感じになったとお書きですが、倉本〔聰、脚本家〕さんの世界といい、やはりそういう人情の水位で社会主義者が世界を考えているということに、救いも喜びも感じました。私の感想など、おはずかしいものですが――。ありがとうございました。

〔二〇〇七年〕八月一三日

☆おことわり〔村岡到編『閉塞を破る希望――村岡社会主義論への批評』への収録にさいして〕

山田太一さんの前掲のお手紙は、村岡到がテレビドラマ「遠い国から来た男」（七月二三日、TBS）の感想を書いた文章と短い手紙を初めて送った（八月六日）ことへの返信です。公表をお願いし、快諾いただいたので、掲載します。そのドラマ評は、『もうひとつの世界へ』第一一号＝二〇〇七年一〇月、に掲載されています〔本書に収録〕。

〈追記〉

本文がほぼ出来上がったので、山田太一さんに一〇年前に書いていただいた手紙（前掲）の再録をお願いしたところ、病の山田さんから了承する旨の直筆のおハガキをいただいた。お願いを発した後で、「朝日新聞」で「今年一月、脳出血で倒れ、リハビリを続けている」（九月一六日）という記事を読んで、知らなかったとはいえ、うかつなことだったと反省していたが、丁寧なお返事をいただき、思わず涙が湧いた。ご回復を祈ります。ありがとうございました。

村岡 到 主要著作

1980 『スターリン主義批判の現段階』稲妻社
1982 『日本共産党との対話』稲妻社
1986 『変化の中の日本共産党』稲妻社
1988 『前衛党組織論の模索』(橋本剛と) 稲妻社
1989 『社会主義への国際的経験』稲妻社
1990 『社会主義とは何か』稲妻社
1996 『原典・社会主義経済計算論争』(編集・解説) ロゴス
1997 『社会主義へのオルタナティブ』ロゴス
1999 『協議型社会主義の模索――新左翼体験とソ連邦の崩壊を経て』社会評論社
2001 『連帯社会主義への政治理論――マルクス主義を超えて』五月書房
2003 『生存権・平等・エコロジー――連帯社会主義へのプロローグ』白順社
2003 『不破哲三との対話――日本共産党はどこへ行く？』社会評論社
2005 『レーニン 革命ロシアの光と影』(上島武共編) 社会評論社
2005 『社会主義はなぜ大切か――マルクスを超える展望』社会評論社
2007 『悔いなき生き方は可能だ――社会主義がめざすもの』ロゴス
2008 『閉塞を破る希望――村岡社会主義論への批評』(編) ロゴス
2009 『生存権所得――憲法一六八条を活かす』社会評論社
2010 『ベーシックインカムで大転換』ロゴス
2011 『ベーシックインカムの可能性』(編) ロゴス
2011 『脱原発の思想と活動――原発文化を打破する』(編) ロゴス
2012 『歴史の教訓と社会主義』(編) ロゴス
2012 『親鸞・ウェーバー・社会主義』ロゴス
2013 『ユートピアの模索――ヤマギシ会の到達点』ロゴス
2013 『友愛社会をめざす――〈活憲左派〉の展望』ロゴス
2014 『貧者の一答――どうしたら政治は良くなるか』ロゴス
2015 『日本共産党をどう理解したら良いか』ロゴス
2015 『文化象徴天皇への変革』ロゴス
2015 『不破哲三と日本共産党』ロゴス
2016 『壊憲か活憲か』(編) ロゴス
2016 『ソ連邦の崩壊と社会主義――ロシア革命100年を前に』ロゴス
2017 『ロシア革命の再審と社会主義――ロシア革命100年記念』ロゴス

あとがき

この本に新しく書いたものを除いて論文の初出を記す。以前の拙著に収録したものもある。

- 社会主義と宗教との共振　季刊『フラタニティ』第八号＝二〇一七年一一月
- 愛と社会主義――マルクスとフロムを超えて　『カオスとロゴス』第二六号＝二〇〇四年一二月　☆
- 宗教と社会主義――ロシア革命での経験　「稲妻」第三六〇号＝二〇〇五年五月　☆
- 戦前における宗教者の闘い　『プランB』第三八号＝二〇一二年六月　＊
- 親鸞を通して分かること　『プランB』第三九号＝二〇一二年九月　＊
- 社会主義への政治経済文化的接近を　季刊『フラタニティ』第七号＝二〇一七年八月
- 変革は時間がかかっても武力ぬきで　『もうひとつの世界へ』第一一号＝二〇〇七年一〇月　★
- 「私から先に撃って」と叫ぶアーミッシュの少女　『もう一つの世界へ』第六号＝二〇〇六年一二月

☆は『悔いなき生き方は可能だ』、＊は『親鸞・ウェーバー・社会主義』、★は『生存権所得』に収録。

今度あたらしく知った「人間性社会主義」（本書一一三頁）をめぐる問題など、公明党の歩みと役割について探究しなくてはと反省した。次の課題にしたいと考えている。

貧しい生活をいつも笑顔で支えてくれる妻の環に深く感謝する。

今度もまた社会評論社から出版することができた。一九九九年の『協議型社会主義の模索』から六冊目となる。街の本屋が四〇％も消滅する読書離れのなかで、松田健二社長の英断に深く感謝します。

二〇一七年一〇月二四日

村岡 到

人名索引

＊注などで論文や著作の執筆者として記載されている場合は省かれている。

村岡 到（むらおか　いたる）
1943 年 4 月 6 日生まれ
1962 年　新潟県立長岡高校卒業
1963 年　東京大学医学部付属病院分院に勤務（1975 年に失職）
1969 年　10・21 闘争で逮捕・有罪
1980 年　政治グループ稲妻を創成（1996 年に解散）
ＮＰＯ法人日本針路研究所理事長
季刊『フラタニティ』編集長

SQ選書 14

「創共協定」とは何だったのか――社会主義と宗教との共振

2017 年 11 月 7 日　初版第 1 刷発行
著　者：村岡　到
装　幀：入村　環
発行人：松田健二
発行所：株式会社社会評論社
東京都文京区本郷 2-3-10 御茶の水ビル
TEL.03-3814-3861/FAX.03-3818-2808
http://www.shahyo.com
組　版：ロゴス
印刷・製本：倉敷印刷

ISBN978-4-7845-1847-0　C0030　定価はカバーに表示してあります。